Gustav Scheve

Die Phrenologie in einer Vorlesung

Gustav Scheve

Die Phrenologie in einer Vorlesung

ISBN/EAN: 9783743600935

Hergestellt in Europa, USA, Kanada, Australien, Japan

Cover: Foto ©ninafisch / pixelio.de

Weitere Bücher finden Sie auf **www.hansebooks.com**

DIE

PHRENOLOGIE

in Einer Vorlesung.

Von

GUSTAV SCHEVE.

*Gehalten in vielen Städten Deutschlands, und in Amsterdam
am 9. Februar 1856.*

Mit 2 Tafeln Abbildungen.

AMSTERDAM,

F. GÜNST,

1856.

Wir wollen bei der Auseinandersetzung der inneren Sinne des Menschen angeben, in wieweit diese nach den Erfahrungen der Phrenologen aus gewissen Formen des Schädels zu erkennen sind, da wir es für unstatthaft halten, in einer Erfahrungswissenschaft die Beobachtungen ausgezeichneter Männer, ohne sie widerlegen zu können, für nichtig zu erklären.

Arnold, Physiologie des Menschen, S. 856.

Dem Herrn

.

Philipp J. Krieger,

k. k. Oesterreichischem General-Consul in den
Niederlanden zu Amsterdam,

Hochachtungsvoll zugeeignet

vom Verfasser.

Verehrte Anwesende!

Die Phrenologie ist die Lehre vom Geiste und seinen körperlichen Werkzeugen oder Organen. Werfen wir, um diese Lehre in ihrem Wesen zu verstehen, einen vergleichenden Blick auf die allgemeine Geschichte der Geisteslehre. Der menschliche Geist ist das Höchste im Reiche der Natur. Unter allen Naturwissenschaften nimmt daher die Geisteslehre die erste Stelle ein. Jedoch diese Lehre war von ihrem Beginne an bis fast auf diese Stunde in einem ihrem Range keineswegs entsprechenden, ja in einem üblen, bedauerlichen Zustande. Alle übrigen Naturwissenschaften, die Astronomie, die Geologie, die Chemie, die Physik sind auf Naturbeobachtung, auf gesammelte Thatsachen gebaute Wissenschaften. Ganz anders die Geisteslehre: diese war bisher nur das Ergebniss des blossen Nachdenkens. Durch blosses Nachdenken lässt sich aber die Natur keiner Sache, nicht einmal des einfachsten Körpers, eines Steins oder einer Pflanze, geschweige die Natur des menschlichen Geistes erkennen. Die Geisteslehre blieb da-

1

Blick in sein eignes Innere und beobachtete mit angestrengter Aufmerksamkeit die Thätigkeit seines Geistes. Allein dieser Weg der Forschung war ein gänzlich verfehlter. Die Selbstbeobachtung kann uns über die Grundvermögen des Geistes keinerlei Aufschluss geben, weil wir keinerlei Bewusstsein von dem inneren Getriebe unseres Geistes haben, ganz so wenig, als von dem inneren Organismus, den innern Theilen und Eingeweiden unsres Körpers. Zum Beispiel: Denkkraft und Empfindung oder Verstand und Gemüth sind zwei verschiedene Aeusserungen unseres Geisteslebens. Ob aber diese beiderlei Aeusserungen aus zwei verschiedenen oder aus einem und demselben Grundvermögen unseres Geistes hervorgehen, davon sagt uns das Selbstbewusstsein, die Selbstbeobachtung nichts. Daher haben auch einige Geistesforscher jene beiderlei Thätigkeiten für im Grunde verschiedene oder getrennte Vermögen, für Grundvermögen gehalten, während Andere Beides für ein und dasselbe Vermögen genommen, die Empfindung aus der Denkkraft, das Gemüth aus dem Verstande erklärt oder abgeleitet haben. Ganz so wie auch beim Körper. Wenn wir z. B. mit der Hand tasten oder den Arm bewegen, so gibt uns das eigene Gefühl, das Selbstbewusstsein keinerlei Kenntniss davon, durch welcherlei Körpertheile oder Werkzeuge dies geschieht, und ob die Nerven, vermittelst welcher wir tasten und vermittelst welcher wir ein Glied bewegen, die nämlichen, oder aber ob beide unter sich verschieden und getrennt sind. Mit einem Worte, wir wissen durch das eigne Gefühl, durch das Selbstbewusstsein nur dass wir, nicht aber wie wir geistig und körperlich leben. Diese Wahrheit hätten die Geistesforscher längst als solche erkennen müssen. Schon allein der schlechte Erfolg aller der mit Hilfe der gewohnten Forschungsweise gemachten Versuche das ewige sich selbst Widersprechen aller der Hunderte von angestellten Versuchen zur Auffindung der *Grund-vermögen* des Geistes (von aufgestellten *Systemen der Geisteslehre*) hätte längst von der Irrigkeit der *Forschungs-weise* als solcher überzeugen müssen. Allein die Geistes-forscher waren weit davon entfernt, zu glauben, dass der eingeschlagene Weg selbst ein irriger sein möchte. Viel-mehr eben dadurch, dass alle Forscher ohne Ausnahme den nämlichen Weg gegangen waren, wurde man am Ende, je länger, je mehr, in der Meinung bestärkt, dass der-selbe der richtige sein müsse. Man dachte nicht an die Möglichkeit, einen anderen Weg zu gehen. Und so haben bis auf die neueste Zeit herab, wie wir an den obigen Beispielen gesehen, die Geistesforscher immer die-selben erfolglosen Versuche in derselben irrigen Weise wiederholt.

Dieser Zustand der Geisteslehre war ein trostloser. *Kaum war Hoffnung,* dass das, was die grössten Denker vergeblich erstrebt hatten, noch von einem Sterblichen werde erreicht werden. Jedoch, wonach oft die ange-strengte Denkkraft vergeblich ringt, das erreicht bisweilen der Blitz des Genie's. Ein Deutscher, F r a n z J o s e p h G a l l, geboren im Jahre 1757 zu Tiefenbrunn bei Pforz-heim, sollte einen neuen, vorher nie geahnten Weg zur richtigen Erforschung der Grundvermögen des Geistes entdecken und dadurch der Schöpfer der wahren Geistes-lehre werden.

Ueber die Art, wie Gall zu seiner Entdeckung kam, erzählt er selbst Folgendes: „Von meiner ersten Jugend an lebte ich im Schoose meiner Familie, die aus meh-reren Brüdern und Schwestern bestand und mit sehr violen Kameraden und Mitschülern. Jedes von ihnen hatte etwas Besonderes, ein Talent, eine Neigung, eine Gabe, die es von Anderen unterschied. Wir beurtheilten bald, wer von uns tugendhaft oder lasterhaft, stolz oder bescheiden, offen

oder verstellt, freundlich oder streitsüchtig, gut oder böse
war. In der Schule zeichneten sich einige durch ihre
schöne Schrift aus, andere durch die Leichtigkeit, mit der
sie rechneten, andere lernten leicht Geschichte oder Geo-
graphie oder Sprachen; sehr Viele hatten Neigung und
Talente für Dinge, die nicht Gegenstände unseres Unter-
richts waren; sie schnitten aus, zeichneten, andere malten,
andere suchten Blumen, Insekten etc. Auf diese Art
zeichnete sich Jeder durch seinen besonderen Charakter,
seine besonderen Fähigkeiten aus, und ich beobachtete
niemals, dass der, welcher ein Jahr vorher ein betrüge-
rischer und untreuer Kamerad war, das nächste Jahr ein
sicherer und treuer Freund wurde, oder dass der, welcher
sich heute durch ein grosses Rechentalent auszeichnete,
morgen dieses mit dem für Sprachen vertauschte.

In der Schule hatte ich am meisten diejenigen meiner Mitschüler zu fürchten, die mit so grosser Leichtigkeit
auswendig lernten, dass sie mir bei den Prüfungen oft
die Stelle wieder abgewannen, die ich durch meine Aus-
arbeitungen erhalten hatte. Einige Jahre später änderte
ich meinen Aufenthaltsort und hatte das Unglück, wieder
Mitschüler zu bekommen, die sich durch die Gabe, leicht
auswendig zu lernen, auszeichneten. Nun bemerkte ich
und es fiel mir auf, dass sie meinen ehemaligen Neben-
buhlern durch grosse, vorstehende Augen glichen. Zwei
Jahre nachher ging ich auf eine Universität und richtete
nun zuerst meine Aufmerksamkeit auf die meiner neuen
Genossen, die eben solche hervorstehende Augen hatten.
Man rühmte mir allgemein ihr vortreffliches Wortgedächt-
niss. Ich konnte daher nicht glauben, dass dies nur ein
zufälliger Umstand sei und fing nun an, einen Zusammenhang zwischen dieser Augenbildung und der Leichtigkeit,
auswendig zu lernen, zu vermuthen.

Durch Beobachtung und Nachdenken kam ich dahin,

zu schliessen, dass auch andere Talente sich durch äussere
Merkmale verrathen könnten, und suchte nun *Personen*
auf, die besondere Gaben hatten, um ihre *Kopfgestalt zu*
studiren. Bald glaubte ich andere Kennzeichen gefunden
zu haben, die sich bei *allen grossen* Malern, bei allen
grossen Musikern, bei allen grossen Mechanikern u. s. w.
fanden. In der Zwischenzeit hatte ich Medizin zu studiren angefangen. Man sagte uns viel von den Verrichtungen der Muskeln, der Eingeweide u. s. w., aber gar
nichts von den Verrichtungen des Gehirns und seiner einzelnen Theile. Ich rief mir meine ersten Beobachtungen
ins Gedächtniss zurück und muthmasste anfangs, was ich
bald zur Gewissheit brachte, dass die Verschiedenheit der
Kopfgestalt durch die verschiedene Gestalt des Gehirns
veranlasst wird, und dass die verschiedenen Theile des
Gehirns die verschiedenen Organe der menschlichen Fähig-
keiten sind, welche in ihrer verschiedenen G r ö s s e der
verschiedenen S t ä r k e dieser Fähigkeiten entsprechen.«
   Wenn ein Mann der bisherigen Geistesforschung diese
Worte liest, so sieht er sich in eine neue Welt versetzt.
Alles steht hier im vollsten Gegensatze zu den bisherigen gewohnten Ideen. Die Entdeckung Gall's ist eine
wesentlich doppelte: die Entdeckung der r i c h t i g e n Geistesforschung s e l b s t und die Entdeckung der Organe des Geistes. Betrachten wir jene Entdeckung zuerst.
   Die frühere Weise der Geistesforschung, die Selbstbeobachtung, war, wie in anderer bereits berührter Beziehung eine irrige, so jedenfalls schon durch ihre H a l b -
h e i t mangelhaft. Indem der Geistesforscher sich selbst
beobachtete, n u r s i c h s e l b s t, fasste er nur e i n e n Menschen, also nur das, was alle Menschen geistig gemein
haben, in's Auge, N e b e n diesem allen Menschen Gemeinsamen aber liegt die C h a r a k t e r v e r s c h i e d e n h e i t
der einzelnen Menschen für die Forschung offen. Diese

Verschiedenheit durfte man keinenfalls von der Forschung ausschliessen, gesetzt auch, die Selbstbeobachtung hätte sich für die Auffindung der Grundvermögen des Geistes nicht so ganz, wie der Fall war, nutzlos gezeigt. (Ehe ein Forscher über einen Gegenstand nachdenkt, ist seine erste Aufgabe, dass er den Gegenstand zuvor in allen seinen verschiedenen Erscheinungen kennen lernt). Freilich gehört die Selbstbeobachtung auch zur Geistesforschung, aber sie ist nur eine Hälfte derselben. Vollends aber führt eben nicht die Selbstbeobachtung, sondern die andere Hälfte der Geistesforschung, die Beobachtung der Charakterverschiedenheit der Menschen, und nur sie allein, zur Entdeckung der Grundvermögen des Geistes. Denn während wir z. B. durch Selbstbeobachtung nicht zu erkennen vermögen, ob Verstand und Gemüth zwei unter sich verschiedene, oder im Grunde die nämlichen Geistesthätigkeiten sind, so ist dagegen durch die Beobachtung, dass ein Mensch viel Verstand und wenig Gemüth, ein anderer wenig Verstand und viel Gemüth haben kann, die in der Natur gegebene Trennung von Verstand und Gemüth nachgewiesen. Und wie die Trennung von Verstand und Gemüth im Ganzen, so lassen sich alle die Trennungen, welche die Natur noch weiter im Einzelnen gemacht hat, d. i. alle die wirklichen Grundvermögen des Geistes durch die Beobachtung nachweisen, dass z. B. ein Mensch ein sehr grosses Talent für Sprachen (oder für Musik, oder für Malerei, oder für Mechanik u. s. w.) besitzen kann, während zugleich alle anderen Gaben oder Talente nur sehr schwach bei ihm vorhanden sind. Ganz so könnte auch die Trennung der äusseren Sinnesvermögen z. B. die Trennung des Sehvermögens vom Hörvermögen — abgesehen von den Organen — schon allein durch die Beobachtung nachgewiesen werden, dass ein Mensch gut

sehen und schlecht hören, ein anderer schlecht sehen und
gut hören kann. Diese Sache ist so klar und einfach,
sie liegt so nahe, dass wir bei der Entdeckung Gall's,
welcher zum ersten Male diesen allein möglichen Weg zur
Auffindung der Grundvermögen des Geistes einschlug, an
das Ei des Kolumbus denken müssen. Dass diese Entdeckung nicht längst gemacht wurde, findet nur darin die
Erklärung, dass der Gelehrte, der Denker, wenn er sich
einmal in eine Idee, eine Forschungsweise hineingelebt
hat, leicht den freien Blick verliert, einseitig und un-
praktisch wird, gleichsam den Wald vor den Bäumen
nicht sieht. Die zweite Entdeckung Gall's ist die Entdeckung der
Organe des Geistes. Man wusste längst, dass, wie schon
der Augenschein zeigt, der Geist in diesem Leben an den
Körper gebunden ist. Aber was der eigentliche Sitz oder
das Organ des Geistes sei, darüber war man nichts weniger als klar und unter sich einig. Bald hielt man das
Herz, bald andere Eingeweide, bald auch das Gehirn für
das Organ des Geistes. Die eigentlichen Geistesforscher (die
Psychologen) kümmerten sich am wenigsten um das Geistesorgan, sie dachten in ihrer Selbstbeobachtung gewöhnlich
nicht einmal an ein solches, wie denn die Selbstbeobachtung auch natürlich hierüber keinerlei Aufschluss geben
kann. Gall's Entdeckung führte zu der Erkenntniss, dass
die besonderen, von der Natur getrennten Grundvermögen
des Geistes auch besondere getrennte Gehirnorgane haben.
Diese Entdeckung beruht auf folgenden Beobachtungen.
Dass im Allgemeinen das Gehirn das Organ der sämmtlichen Geistesvermögen ist, wird unter anderm dadurch be-
wiesen, dass das Gehirn von den niederen Thieren zu den
höheren und zum Menschen übereinstimmend mit den geistigen Fähigkeiten an Grösse zunimmt. Der Mensch hat
unter allen Geschöpfen das grösste Gehirn, weil er geistig

am höchsten steht, oder er steht geistig am höchsten, weil
er das grösste Gehirn hat. Dieser Schluss wird, wie vom
Gehirn im Allgemeinen, so auch von den einzelnen Theilen desselben gelten. Gall hat nun bestimmte Gehirntheile in entschiedener Grösse oder Kleinheit
ausnahmslos zusammen mit der entschiedenen
Stärke oder Schwäche bestimmter Grundvermögen des Geistes beobachtet. Der obige Folgesatz
wiederholt sich daher im Einzelnen z. B. so: dieser Mensch
zeigt den und den bestimmten Theil des Gehirns sehr
gross oder sehr klein, er besitzt also das und das bestimmte Grundvermögen des Geistes sehr stark oder sehr
schwach. Oder umgekehrt: dieser Mensch besitzt das
und das bestimmte Grundvermögen des Geistes sehr stark
oder sehr schwach, sein Gehirn zeigt also den und den
bestimmten Theil sehr gross oder sehr klein.

Eine sich hier aufwerfende Frage indessen ist, ob
auch die Gehirngestalt oder die Grösse und Kleinheit ein-
zelner Gehirntheile äusserlich, aus der Kopfgestalt, erkannt werden kann, mit andern Worten, ob der Schädel-
knochen überall so ganz gleich dick ist, dass wir durch
ihn oder trotz seiner die Grösse der einzelnen Gehirntheile
erkennen können. Da diese Frage eine anatomische ist,
so wollen wir die Stimme eines Anatomen darüber hören.
Der Anatom Arnold sagt (Physiologie des Menschen,
S. 856): »Die Gestalt des Schädels im Ganzen und seinen
einzelnen Abtheilungen ist in hohem Grade von der Form
des Hirns abhängig; denn die Knochen des Kopfes sind
nach dem Gehirn gebildet und werden daher in ihrer
eigenthümlichen Form durch die Gehirnform bestimmt. Es
müssen also auch die geistigen Eigenthümlichkeiten einzel-
ner Menschen in besonderen Formen des Kopfes zu erkennen sein.« Etwas genauer ist die Frage so zu beantworten. Die Verschiedenheit der menschlichen Kopfgestalten

ist eine höchst bedeutende, so dass z. B. der Hinterkopf
oder einer seiner Theile bei dem einen Menschen oft
um 2—3 Zoll stärker, der Oberkopf oder einer seiner
Theile um 2—3 Zoll höher gefunden wird, als bei dem
andern. Die vorhandenen Unregelmässigkeiten in der
Dicke der Hirnschale dagegen sind sehr unbedeutend und
betragen gewöhnlich nicht über eine, höchstens zwei Linien.
An der Verschiedenheit der menschlichen Kopfgestalten
hat daher die Verschiedenheit der Gehirngestalten einen
mindestens zehnfach grösseren Antheil, als die Unregel-
mässigkeit der Schädeldicke. Obgleich man daher die
Grösse eines Gehirntheiles nicht mathematisch genau äusserlich erkennen kann, so ist doch ein grosser oder vollends
sehr grosser Gehirntheil von einem kleinen oder sehr kleinen unbedingt sicher zu unterscheiden. Dies ist aber für
den Zweck der Wissenschaft, — um die Grundvermögen
des Geistes und deren Organe aufzufinden, — vollkommen
hinreichend: denn nur mit sehr entschiedenen Charakter-
zügen natürlich und den entsprechenden sehr entschiedenen Gehirnentwickelungen hat es die Beobachtung für
jenen Zweck zu thun*).

---

*) Veranschaulichung durch vorgezeigte Beispiele verschiedener
Kopfgestalten, bei welchen man über die Verschiedenheit der Ge-
hirngestalten, d. i. über die entschiedene Grösse oder Kleinheit
dieser oder jener Theile des Gehirns ein wissenschaftlich sicheres
Urtheil hat. Einige solcher Beispiele siehe auf dem Titelbild:
Verschiedene menschliche Kopf- oder Gehirngestalten. Fig. 1. Die
Giftmörderin Gottfried in Bremen: grosser Zerstörungssinn, grosse
Festigkeit, kleines Wohlwollen. Fig. 2. Der Neger Eustache:
grosses Wohlwollen. Fig. 3. G., ein unter Vormundschaft ge-
stellter Verschwender: grosses Wohlwollen, kleine Festigkeit, kleiner
Eigenthumssinn. Fig. 4. Ein Dieb und Mörder: grosser Eigenthums-
sinn, grosser Zerstörungssinn. Fig. 5. Die Maske Voltaire's: grosse
Denkkräfte, kleiner Gegenstandssinn. Fig. 6. Die Maske Swift's:
grosser Gegenstandssinn (Individualitätssinn). Es versteht sich,
dass diese wenigen Beispiele nicht entfernt als Beweis für die

Was noch die in den Worten Gall's erwähnte Stellung des Auges betrifft, so fragt es sich, ob auch diese Augenstellung der Maasstab der Grösse oder Kleinheit eines Gehirntheiles ist. Ja, das Auge ist vom Gehirn nur durch ein dünnes Knochenblättchen getrennt; wenn daher das Auge sehr weit im Kopfe vorsteht oder sehr tief in der Höhle zurückliegt, so lässt dies die Grösse oder die Kleinheit des unmittelbar über dem Auge gelegenen Gehirn theils mit Sicherheit erkennen.

Eine letzte Frage ist hier noch, wie sich die beiden Entdeckungen Gall's zu einander verhalten, die Entdeckung der richtigen Forschungsweise der Geisteslehre selbst, und die Entdeckung der Organe der Grundvermögen des Geistes. Das Verhältniss ist dieses. Die Entdeckung der richtigen Forschungsweise zur Auffindung der Grundvermögen des Geistes, also die Schöpfung der Geisteslehre, ist natürlich weit die erste und wichtigste Entdeckung Gall's. Allein die Entdeckung der Organe der Grundvermögen ist auch von nicht geringem Werth, besonders darum, weil die aufgefundenen Organe der Grundvermögen mit als Probe oder als Beweis für die Wirklichkeit der Grundvermögen selbst dienen. Es ist für die Geisteslehre nicht gering anzuschlagen, dass sie durch die Organenlehre zugleich einen sinnlich erkennbaren Grund und Boden erhalten hat.

Nachdem Gall schon als Student der Medizin seine Forschungen begonnen und sich sehr bald von der hohen Wichtigkeit der gefundenen Ergebnisse überzeugt hatte,

---

Wahrheit phrenologischer Organe dienen können und sollen, sondern nur zur Veranschaulichung der Wahrheit, dass man in bestimmten entschiedenen Fällen mit voller wissenschaftlicher Sicherheit aus der Kopfgestalt auf die Gehirngestalt schliessen kann.

betrachtete er die Auffindung der Grundvermögen des
Geistes, die Schöpfung der Geisteslehre, als die Aufgabe
seines Lebens. Seit d. J. 1785 war er ausübender Arzt
in Wien. Eine passendere Stellung für seinen Zweck, als
den Beruf eines Arztes in der grossen Kaiserstadt konnte
er nicht finden. Er beobachtete und sammelte mit eisernem
Fleisse, stets vor Allem auf Vielseitigkeit und Unbefangen-
heit seiner Forschungen bedacht. Tausend und wieder
tausend Beobachtungen zur Bestätigung einer jeden Wahrheit zu sammeln, war sein Wahlspruch. Er besuchte Ir-
renhäuser, Gefängnisse, Schulen; er bewegte sich in den
höchsten und in den niedersten Kreisen der Gesellschaft;
wo er von einem Menschen hörte, der sich auf irgend eine
Weise auszeichnete, entweder durch auffallende Begabtheit,
oder durch Mangel an derselben, da beobachtete und studirte er seinen Charakter und im Vergleich mit diesem
seine Kopf- oder Gehirnbildung. Nicht minder studirte
Gall den Charakter der Thiere als den der Menschen, da
er es für einen grossen Fehler hielt, den Menschen auch
in geistiger Beziehung abgesondert von seinen Mitgeschöpfen
zu betrachten. Es gibt beinahe keines der vaterländischen
Thiergeschlechter, besonders aus der Klasse der Vögel, aus
denen Gall nicht wenigstens ein Individuum selbst erzogen,
seine ganze Lebenszeit hindurch beobachtet und seinen
Charakter studirt hätte. Doch kann bei Thieren viel weniger als beim Menschen die Gehirngestalt aus der äusseren Kopfgestalt erkannt werden; es ist hier vielmehr die
innere Schädelfläche (die Gehirngestalt selbst) mit dem
Charakter zu vergleichen.

Gleichzeitig studirte Gall eifrig die Anatomie des Gehirns, und seine Entdeckungen und Leistungen auch hierin
waren, wie jetzt allgemein anerkannt ist, dadurch höchst
bedeutend und wichtig, dass sie zuerst zur Kenntniss der
körperlichen Beschaffenheit des Geistesorgans die Bahn

brachen. Früher wusste man nichts von einer Organisation, einem lebendigen Bau des Gehirns: denn dieses zeigt sich im natürlichen Zustande als eine weiche, fast breiartige Masse. Gall machte zuerst die Entdeckung, dass das ganze Gehirn aus Fasern besteht, die vom Mittelpunkte aus, da wo das Gehirn mit dem Rückenmark zusammenhängt, nach dem Umkreise hin aus- (von da zurück-) strahlen. Um diese Beschaffenheit des Gehirns durch ein Bild anschaulich zu machen, kann man dasselbe mit der Pflanze des Blumenkohls vergleichen, welche aus einzelnen, vom Stil nach rings auslaufenden Aestchen besteht. Wenn das Gehirn dadurch, dass es einige Zeit in Weingeist gelegen, hart geworden ist, und man zerreist es nach dem Laufe der Fasern, so erkennt man diese so deutlich, wie man die Pflanzenfasern beim Zerreissen des Blumenkohls erkennt. Wir können daher jedes Organ eines Grundvermögens des Geistes mit einem Aestchen jener Pflanze vergleichen, dessen schmale, spitze Seite nach dem Mittelpunkte, nach dem Rückenmark zu, und dessen breite Seite nach aussen, nach der Fläche des Kopfes zu, gewendet ist.

Nachdem Gall im Verlauf der Jahre die meisten der jetzt gekannten Grundvermögen des Geistes und ihre Organe durch unzählige gesammelte Thatsachen entdeckt und nachgewiesen hatte, so fing er i. J. 1796, im 39. Jahre seines Alters, an, seine Entdeckungen über diese Grundvermögen und ihre Organe, so wie seine genau hiermit in Verbindung stehenden Entdeckungen über die körperliche oder anatomische Beschaffenheit des Gehirns in Privatvorlesungen vorzutragen. Diese besuchten, in stets steigender Anzahl nicht nur die Studenten der Medizin und die Aerzte, sondern auch viele Professoren der Universität, viele Erzieher, Maler, Staatsbeamte, darunter Männer von der grössten Gelehrsamkeit und dem grössten Einflusse. Auch viele gebildete Damen schmückten sein Auditorium.

Es ist hier am Platze, dass ich die von Gall aufgefundenen Grundvermögen des Geistes mit ihren Organen Ihnen aufzählend nenne. Ich will damit der Kürze wegen schon hier zugleich die Grundvermögen verbinden, welche nach Gall aufgefunden worden sind. Gall hat etwa 27 Grundvermögen entdeckt, jetzt beläuft sich deren Zahl auf etwa 36. Eine feste Zahl anzugeben ist deswegen unmöglich, weil mehrere Grundvermögen mit ihren Organen, je die zuletzt entdeckten, noch nicht durch eine hinlänglich grosse Zahl von Thatsachen unterstützt, noch nicht fest nachgewiesen sind. Dies ist natürlich kein Mangel oder Fehler der Wissenschaft, sondern eine Nothwendigkeit, die sich bei allen Naturwissenschaften, überall da, wo es sich um gesammelte Thatsachen handelt, wiederfindet.

Man hat die sämmtlichen Grundvermögen, weil sie ziemlich zahlreich sind, in Gruppen oder Klassen eingetheilt, um sie der Uebersicht leichter zugänglich zu machen; man hat am öftesten drei solche Gruppen gewählt, 1) die sogenannten niederen oder thierischen Sinne, die der Mensch mit den Thieren gemein hat, 2) die sogenannten höheren oder Gemüthssinne, 3) die Verstandssinne, die Talente.

Niedere oder thierische Sinne:

1.[1]) Der Sinn der Geschlechtsliebe;

2. Der Sinn der Kinder- oder Jungenliebe;

3. Der sogenannte Einheitssinn;

4. Der Sinn der Anhänglichkeit, der Treue, der Freundschaft;

5. Der sogenannte Kampfsinn, in sehr hervorragender Stärke grossen Muth, Streit- und Kampflust begründend, in sehr geringer Stärke allzu grosse Friedfertigkeit, Feigheit;

---

[1]) Die Zahlen vor den Sinnen entsprechen den Organennummern auf der phrenologischen Büste. S. die vorstehende Tafel.

6. Der sogenannte Zerstörungssinn, welcher in sehr hervorragender Stärke zu Härte und Grausamkeit führen kann, in sehr mangelhafter Entwickelung zu allzu grosser Sanftmuth und Schwäche;

7. Der Verheimlichungssinn, in sehr starkem Maase List, Schlauheit, Verschlagenheit, in sehr geringem Maase unbedachtsame Offenheit begründend;

8. Der Eigenthums- oder Erwerbssinn; Gegensätze des Maases sind hier der Hang zum Geiz und der Hang zur Verschwendung.

Die sogenannten höheren oder Gemüthssinne:

10. Der Sinn des Selbstgefühls; Gegensätze des Maases sind: Stolz, Hochmuth, Herrschsucht einerseits, Unselbstständigkeit, zu grosse Demuth, Selbsterniedrigung andererseits;

11. Der Sinn der Beifallsliebe; Gegensätze: Ehrgeiz, Gefallsucht, — Rücksichtslosigkeit, Gleichgültigkeit gegen das Urtheil Anderer;

12. Der Sinn der Vorsicht oder Sorglichkeit; Gegensätze: zu grosse, übertriebene Vorsicht, Aengstlichkeit, — Sorglosigkeit, Leichtsinn.

15. Der Sinn der Festigkeit; Gegensätze: Charakterfestigkeit, — Wankelmuth;

16. Der Sinn der Gewissenhaftigkeit; Gegensätze: starkes Gefühl für Wahrheit und Recht, — Gewissenlosigkeit;

14. Der Sinn der Verehrung oder Religiosität; Gegensätze: Begeisterung für Religion, — Unglaube, Religionsverachtung;

17. Der Sinn der Hoffnung; Gegensätze: übertriebenes, überschwengliches Hoffen, — Hoffnungslosigkeit;

13. Der Sinn des Wohlwollens; Gegensätze: allzu grosse Gutheit, Selbstvergessen, Selbstaufopferung, — Theilnahmlosigkeit, Gefühllosigkeit, Kälte;

18. Der Sinn für Neues oder Wunderbares; Gegensätze:

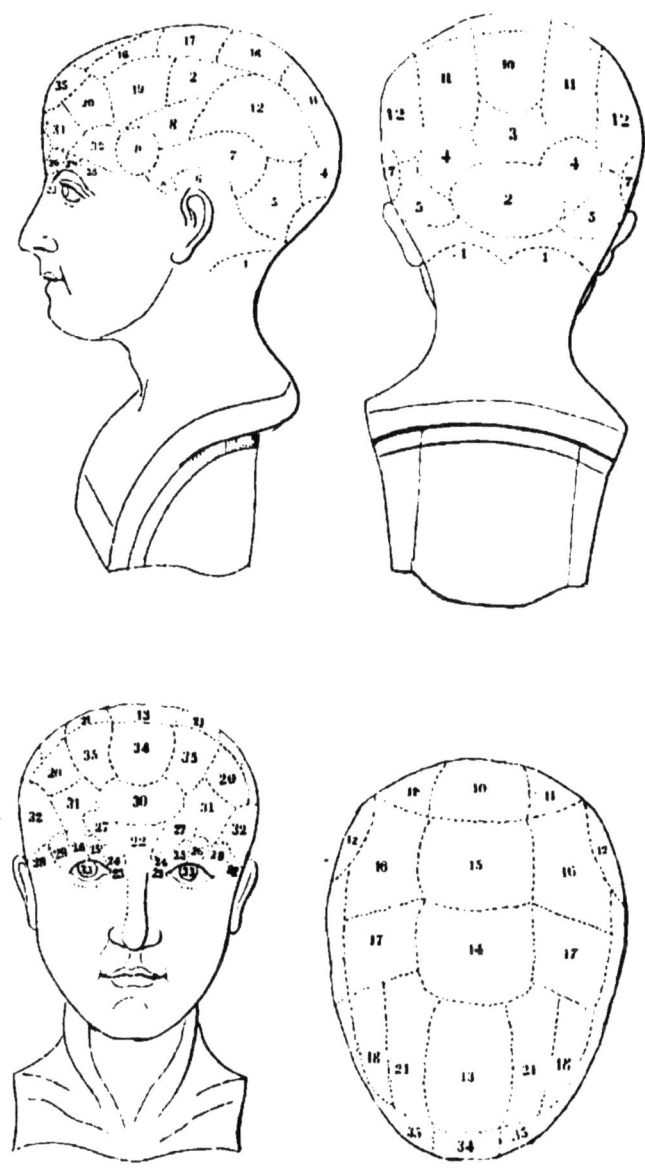

Der phrenologische Kopf.

(Die Erklärung der Nummern S. 15)

Neuerungssucht, Wundersucht, — Abneigung gegen Neues und Wunderbares, Kleben am Alten und Hergebrachten;

19. Der Sinn der Idealität, der Schönheitssinn; Gegensätze: ideale, poetische, schwärmerische Gemüthsrichtung, — allzu prosaischer, allzu nüchterner Charakter;

20. Der Sinn für Scherz; Gegensätze: grosser Hang zur Komik, zu Scherzen und Witzen, — trocknes, sehr ernstes Wesen, Abneigung gegen jeden Scherz;

21. Der Sinn der Nachahmung oder Darstellung, das Gefühl oder Talent für das Handeln nach Beispielen.

Die Verstandssinne oder Talente:

22. Der Gegenstandsinn oder Sachensinn;
23. Der Gestalt- oder Formensinn;
24. Der Raum- oder Fernsinn;
25. Der Gewicht- oder Wägesinn;
26. Der Farbensinn;
29. Der Ordnungssinn;
28. Der Zahlensinn;
27. Der Ortsinn;
30. Der Thatsachensinn;
31. Der Zeitsinn;
32. Der Ton- oder Musiksinn;
9. Der Kunst- oder Bausinn;
33. Der Sprach- oder Wortsinn; endlich
34. Das Vergleichungsvermögen; und
35. Das Schlussvermögen.

Das hervorragend starke oder äusserst schwache Maas der Sinne dieser letzten Gruppe begründet die entsprechenden Arten des Genie's einerseits, und der gänzlichen Talentlosigkeit, des Schwachsinns andererseits.

Die Organe der niederen oder thierischen Sinne liegen im unteren und hinteren Theile des Kopfes oder Gehirnes, die Organe der sogenannten höheren oder Gemüthssinne im oberen Gehirntheile, die Organe der Verstandsinne oder Talente in dem vordersten Theile des Gehirns hinter der Stirne.

Jeder Mensch besitzt, wie sich von selbst versteht, alle diese hier genannten Grundvermögen des Geistes und ihre Organe. Kein Mensch könnte ja andere Geistesvermögen haben, als der andere, so wenig, als andere Körpertheile oder Körperglieder. Die unendliche Charakterverschiedenheit der Menschen geht allein aus dieser Verschiedenheit des Maases der Grundvermögen des Geistes hervor. Denn jedes dieser Grundvermögen kann bei einem Menschen in sehr starkem, oder aber in sehr schwachem Maase, ganz unabhängig von dem Maase aller übrigen, vorhanden sein. Ja alle diese Grundvermögen sind eben dadurch, und nur allein dadurch als solche nachgewiesen, dass jedes derselben entweder in sehr starkem oder in sehr schwachem Maase gegen alle übrigen in unzähligen Fällen beobachtet worden ist.

Die Organe dieser Grundvermögen des Geistes sind dadurch nachgewiesen, dass ausnahmslos in allen Fällen, wo bei einem Menschen ein bestimmtes Grundvermögen des Geistes in sehr starkem oder in sehr schwachem Maase vorhanden gefunden wurde, ein gewisser bestimmter Gehirntheil entsprechend gross oder klein beobachtet worden ist. Die unendlich grosse Verschiedenheit und Mannigfaltigkeit der Kopfgestalten, die wir an den einzelnen Menschen wahrnehmen, rührt von diesem verschiedenen Maase je der einzelnen Gehirntheile her.

Es ist schon oben angedeutet, dass noch nicht alle, sondern nur die meisten der hier genannten Grundvermögen des Geistes mit ihren Organen als thatsächlich oder wissenschaftlich festgestellt zu betrachten sind. Die Darstellung der Wissenschaft selbst hat die Aufgabe, eine scharfe Grenzlinie zu ziehen zwischen allem dem, was erwiesene Thatsache, und zwischen dem, was wegen nicht hinreichender thatsächlicher Beweise erst noch Vermuthung oder Wahrscheinlichkeit ist. Unter den genannten niederen oder thierischen Sinnen sind wenige, unter den höheren oder Gemüthssinnen einige, unter den Verstandessinnen mehrere, welche noch nicht als thatsächlich festgestellt betrachtet werden können. Wir haben oben einen Blick der Vergleichung auf die beiden Arten der Geistesforschung geworfen, auf die Selbstbeobachtung und auf die Beobachtung der Charakterverschiedenheit der Menschen. Vergleichen wir nun auch in kurzem Ueberblick die Ergebnisse dieser beiden Arten der Geistesforschung. Die früheren Geistesforscher, welche, um die Grundkräfte des Geistes aufzufinden, blos sich selbst beobachteten, fassten natürlich nur die allgemeinen Thätigkeiten oder Eigenschaften des Geistes in's Auge, und hielten diese fälschlich für Grundvermögen, z. B. das Empfindungsvermögen, das Begehrungsvermögen, das Gedächtniss, die Urtheilskraft, u. s. w. Alles dies sind nun freilich wirkliche Geistesthätigkeiten, aber Grundvermögen des Geistes sind sie nicht und können sie deswegen nicht sein, weil ja wieder jede dieser allgemeinen Thätigkeiten erst in einzelne besondere Vermögen, die wirklichen Grundvermögen, zerfällt. Ein jeder Mensch hat Begehrungsvermögen, aber der Eine begehrt vorzugsweise nach Geld und Gut, der Andere nach Ruhm und Ehre, der Eine nach Liebe und Frieden, der Andere nach Streit und Kampf. Jeder Mensch hat Gedächtniss, aber der Eine hat ein gutes Gedächtniss für Worte und ein schlechtes Tongedächtniss, der Andere ein gutes Zahlengedächtniss und ein schlechtes Ortsgedächtniss. Jeder Mensch hat Verstand oder Talent, aber der Eine ist verständig und talentvoll in der einen Hinsicht und unverständig oder talentlos in der andern. Man kann hier wieder mit der bisherigen Geisteslehre die Naturwissenschaften der Körper-

welt vergleichen. Was würde man von einem Chemiker
oder Physiker urtheilen, welcher über die Natur der Körper nachdächte, an ihnen die allgemeinen Eigenschaften
der Schwerkraft, der Ausdehnung im Raume, der Undurchdringlichkeit etc. hervorhöbe und aus den Betrachtungen
und dem Nachdenken über diese Eigenschaften eine Naturwissenschaft der Chemie, der Physik erbauen wollte. Für-
wahr, das würde eine sonderbare und langweilige Naturwissenschaft sein, nicht minder sonderbar, als die Geisteslehre der bisherigen Forscher. Gall ging den entgegen-
gesetzten Weg. Statt blos über die Geisteseigenschaften
nachzudenken, warf er den beobachtenden Blick in's Leben
und die entschiedenen Charakterzüge der Menschen liessen
ihn die wirklichen, die von der Natur gegebenen Grundvermögen des Geistes auffinden, ein Vermögen der Kin-
derliebe, der Anhänglichkeit, des Kampfsinns, des Stolzes,
des Erwerbtriebs, des Wohlwollens, des Tonsinns, des Zah-
lensinns u. s. w. Daher giebt auch die frühere Geisteslehre,
eben weil sie nur den allgemeinen, abgezogenen Menschen
kannte, über die Eigenthümlichkeiten des menschlichen
Geistes, oder über das, was man den Charakter der einzelnen Menschen nennt, nicht den geringsten erklärenden
Aufschluss. Dagegen überrascht die Natürlichkeit dieses
Aufschlusses, wie ihn die Gall'sche Lehre zu geben weiss.
Niemand spricht im Leben, um einen Menschen zu schildern, mit den früheren Geisterforschern von dessen Er-
kenntnissvermögen, Empfindungsvermögen, Begehrungsvermögen, u. s. w., so wenig als man in der Naturgeschichte
von den allen Körpern gemeinsamen Eigenschaften, von
der Schwerkraft, Undurchdringlichkeit etc. spricht. Allein man
sagt mit Gall: dieser oder jener Mensch ist ein Kinder-
freund, oder er ist streitsüchtig, oder stolz, oder habsüch-
tig, oder wohlwollend, er hat Talent für Musik, für Malerei, für Mathematik u. s. w., gerade so wie man in der

Naturgeschichte von diesem oder jenem Steine, von dieser
oder jener Pflanze, und davon spricht, wodurch sich jeder
Gegenstand von dem andern unterscheidet. Mit Hilfe der
Gall'schen Naturgeschichte des Geistes ist denn auch ein
Mensch vollständiger und bündiger, als man früher erwarten durfte, es jemals zu vermögen, nach Gemüth und
Geist geschildert, wenn wir bei ihm das Maass aller der
einzelnen nachgewiesenen Grundvermögen kennen. Man
versuche es und denke sich eines dieser Vermögen entweder ganz fehlend oder im Uebermaasse vorhanden, und es
entsteht ein wesentlicher Fehler oder Mangel im Gesammt-
bilde der menschlichen Geistesthätigkeiten.

Noch eine andere Seite des Unterschiedes der beiden
Geisteslehren ist diese. Die früheren Geistesforscher wuss-
ten bei ihrer Selbstbeobachtung von einer Organisation
des Geistes, d. h. von einer zur Einheit verbundenen Mehr-
heit verschiedener, unter sich getrennter Geistesvermögen,
nichts, und konnten nichts davon wissen, da das Selbstbewusstsein davon keine Kunde gibt. Sie hielten vielmehr
den menschlichen Geist für eine unbedingt einfache Kraft,
welche trotsdem alle verschiedenen Geistesthätigkeiten
vermittele! Diese Unbegreiflichkeit sollte die Wissenschaft,
sollten die aufzufindenden Grundvermögen des Geistes be-
greiflich machen. Das Suchen nach diesen Grundvermögen
war daher bei diesen Forschern eigentlich ein Suchen nach
der Art und Weise, wie alle Geistesthätigkeiten, in die
weitesten und allgemeinsten Begriffe gefasst, auf Eins zu-
zurückgeführt, die eine aus der andern erklärt oder abgeleitet werden könnten. Natürlich konnte dieses Ableiten
und Erklären nicht gelingen, da, was einmal mannichfaltig
ist, nicht einfach sein kann. Es gibt ja im ganzen Weltall nichts unbedingt Einfaches, als etwa den mathemati-
schen Punkt, und den gibt es nicht. Alles ohne Ausnahme,
das Weltall selbst, wie der Grashalm oder das Sandkorn,

ist Mannichfaltigkeit in der Einheit. Und der wundervoll
reiche menschliche Geist sollte unbedingt einfach sein!
Dass die Geistesforscher diesen Gedanken wirklich gefasst,
hatte die seltsamsten Folgen. Ueberall da z. B., wo die
Forscher den Menschen in einseitiger, todter Theorie in's
Auge fassten, da erklärten sie, jeder nach seiner Theorie,
ganz vortrefflich seine geistigen Thätigkeiten. Ueberall da
aber, wo es sich um den wirklichen, lebendigen Menschen
handelte, wo z. B. von dem Zwiespalt, dem innern Kampf
im Menschen, von guten und schlimmen Eigenschaften in
einem und demselben Charakter, die Frage war, da sprach
man von unerklärten und unerklärbaren Widersprüchen und
Räthseln des menschlichen Herzens. Freilich, Genie und
Geistesschwäche oder Liebe und Hass u. s. w. für zuletzt
Eins und dasselbe im Menschen zu halten, das Eine aus
dem andern zu erklären oder abzuleiten, war eine unmöglich zu lösende Aufgabe! Auch in diese dunkelste Nacht
des Wissens warf die Entdeckung Gall's das hellste Licht.
Durch sie, durch die thatsächliche Nachweisung der man-
nichfaltigen, unter sich getrennten menschlichen Geisteskräfte hat das grosse Räthsel des wirklichen Menschen
endlich seine Lösung gefunden, das Räthsel, dass der Mensch
gut und böse, stark und schwach, talentvoll und geistlos,
ja sogar bei gesundem Verstand und wahnsinnig zugleich
sein kann.

––––––––

Während fünf Jahren, von 1796—1801, hatte Gall
in Wien seine Vorlesungen über die Lehre vom Geiste und
seinen Organen mit grossem und steigendem Beifall fort-
gesetzt. Da machte plötzlich ein kaiserliches Handbillet,
welches die Vorlesungen untersagte, seiner öffentlichen
Wirksamkeit ein Ende. Darin war unter Anderem gesagt,
dass über die neue Kopflehre, von welcher mit so viel

Begeisterung gesprochen werde, vielleicht Manche ihren eigenen Kopf verlieren dürften, dass auch diese Lehre auf Materialismus zu führen scheine u. s. w. Obgleich nun Gall eine ausführliche Vertheidigung der von ihm vorgetragenen Wissenschaft höchsten Orts einreichte, auch viele hohe Staatsbeamte sich für ihn verwendeten, so behielt es doch bei jenom Spruche sein Bewenden und die Vorlesungen Gall's wurden so auf immer in Wien eingestellt. Dieses Verbot der öffentlichen Wirksamkeit Gall's, so wie immer alle Maassregeln, welche gegen die Wahrheit gerichtet sind, diente nur zu ihrer grösseren Verbreitung. Die Wahl stand Gall frei, ob er bei einer ausgedehnten Praxis und in glänzenden Verhältnissen in Wien bleiben, oder ob er seine Ruhe und sein äusseres Glück der Wissenschaft zum Opfer bringen und eine neue Heimath für seine Lehre aufsuchen sollte. Er wählte das Letztere. Im Jahre 1805 verliess Gall Wien. Dr. Spurzheim, der sich ihm schon seit einigen Jahren verbunden hatte, begleitete ihn auf seinen Reisen. Zuerst wendeten sich die beiden Freunde nach Berlin, wo Gall vor den ersten Männern der Wissenschaft seine Lehre mit grossem Beifall vortrug. Wichtig war besonders auch der Besuch Gall's in den Gefängnissen von Berlin und von Spandau, wo Gall in Begleitung hoher Staatsbeamten gegen 700 Gefangene untersuchte und die überzeugendsten Beweise von der Wahrheit seiner Lehre ablegte. Die grosse Anerkennung, welche Gall in Berlin zu Theil wurde, mögen unter andern die Worte Hufeland's bezeugen. Hufeland schrieb über Gall und seine Lehre: "Mit grossem Vergnügen und Interesse habe ich den würdigen Mann selbst seine neue Lehre vortragen hören und bin völlig überzeugt worden, dass er zu den merkwürdigsten Erscheinungen des neunzehnten Jahrhunderts, und seine Lehre zu den wichtigsten und kühnsten Fortschritten im Reich der Naturforschung gehört." Von Berlin besuchten die Reisenden während der drei folgenden Jahre die hauptsächlichsten Städte Deutschlands und der Schweiz. Sie wurden überall auf das anerkennendste empfangen. Fürsten, Minister, Gelehrte, Beamte, Künstler aller Art wurden ihre Schüler und waren ihnen behülflich, ihre Sammlungen zu vermehren und ihnen die Mittel zu neuen Beobachtungen zu bieten. Von einzelnen Männern, welche der neuen Lehre anerkennend das Wort sprachen, nenne ich nur Göthe und von Walther. Der letztere berühmte Gelehrte schrieb : „Die Luftgebäude der rationellen Psychologie sind zerfallen. Es gibt kein ontologisches Wissen mehr und die Vernunft kehrt nicht mehr in kosmologischen Antinomieen feindselig den Dolch gegen sich selbst. Die Bahn ist nun frei, und wer lacht nun nicht der selbstgenügsamen Träumer, welche durch ihr fälschlich sogenanntes Wissen *a priori* der Nachforschung im unermesslichen Reich der Naturerscheinungen überhoben zu sein wähnen. Dies ist die naturphilosophische Würdigung der Gall'schen Untersuchungen." (Dasselbe in gelehrten Worten gesagt, was wir oben allgemein fasslich über den Unterschied der früheren und der Gall'schen Geisteslehre darzustellen suchten.) Dass sich auch Gegner gegen die Lehre Gall's erhoben, durfte man, wenn man auf die Geschichte aller grossen Entdeckungen zurückblickt, nicht anders erwarten. Ich nenne unter andern Gegnern Ackermann, Professor der Anatomie in Heidelberg und Kotzebue. Aber Ackermann's eigne Worte beweisen die grosse Anerkennung, die Gall's Lehre allenthalben fand. Ackermann beginnt seine im Jahre 1806 erschienene Schrift gegen Gall mit den Worten : „Es wird vielleicht Manchem seltsam scheinen, wie ich es auf mich nehmen möge, gegen die Lehre eines Mannes zu schreiben, welcher in dem aufgeklärten Norden von Deutschland sich nicht allein bei Ungelehrten und Laien in der Naturwissenschaft, sondern auch bei Personen vom höchsten

Range, bei Louten von wissenschaftlicher Bildung, ja selbst
bei Aerzten und Lehrern der Arzneiwissenschaft durch
eben diese Lehre einen fast ungetheilten Beifall und einen
ausgezeichneten Ruhm erworben hat." Uebrigens sind
alle Einwürfe Ackermanns jetzt längst widerlegt. Einer
derselben betrifft den Faserbau des Gehirns, welchen der
berühmte Lehrer der Anatomie durchaus in Abrede stellt,
während heutzutage jeder Student der Medizin durch den
Augenschein von dieser Thatsache sich überzeugt hat. Noch
weniger als Ackermann's Einwürfe bedeutete natürlich Kotzebue's Spott über Gall's Lehre.

Gall verliess mit Spurzheim sein Vaterland, um nicht
mehr dahin zurück zu kehren; die beiden Freunde gingen
nach Paris. Dadurch hauptsächlich geschah es, dass Gall's
Lehre in Deutschland fast in Vergessenheit gerieth. Denn
die neue Goisteslehre war nicht ein philosophisches System, das man sich durch das Lesen eines Werkes, oder
schon allein durch die Ueberzeugung von seiner Wahrheit
aneignen kann, sondern sie war eine auf zu prüfenden
Thatsachen beruhende Naturwissenschaft, die ein beharr-
liches praktisches Studium zur Aneignung und Weiterbil-
dung verlangte. Da aber fast nur Gall und Spurzheim
die Wissenschaft inne hatten, so ist es kaum zu verwun-
dern, dass sich nicht sobald Männer fanden, die zugleich
Musse und Kraft genug hatten, durch anhaltende Studien
sich die Wissenschaft anzueignen und durch Lehre weiter
fortzupflanzen.

In Paris wirkte Gall sehr thätig und mit Erfolg für
die Auerkennung und Verbreitung seiner Lehre, zunächst
in Frankreich; dies theils durch öffentliche Vorlesungen,
welche er hielt, theils und besonders durch die Heraus-
gabe seiner umfangreichen Werke. Diese erschienen nach
und nach zu Paris in französischer Sprache. Sie enthalten
einen Schatz von unendlich vielen gesammelten Thatsachen

und sind in klarer, allgemein verständlicher Sprache geschrieben. Sie sind durch kostbare Kupferwerke erläutert. Gall starb im Jahre 1828 in Paris. Spurzheim ging i. J. 1814 nach England, welches durch ihn das zweite Vaterland der Gall'schen Lehre werden sollte. Bald war durch die Vorträge, welche er in verschiedenen Städten Englands hielt, das ganze Land in Bewegung gesetzt. Ueberall ging er aus den Kämpfen, die sich über die neue Lehre entspannen, siegreich hervor. Dies war vorzüglich in Edinburg der Fall, wo Gall's Lehre bald einen sehr festen und bleibenden Boden gewann. Schon im Jahr 1820 bildete sich in Edinburg die erste phrenologische Gesellschaft, welche auch die erste englische Zeitschrift für Phrenologie gründete. Den Namen Phrenologie nämlich hatte die neue Lehre mittlerweile auf Veranlassung eines englischen Arztes angenommen. Das Wort Phrenologie ist deutsch Geisteslehre, gerade wie Psychologie; man wählte es, um die neue Geisteslehre von der alten zu unterscheiden. Gegen das Wort Schädellehre oder Cranioskopie hat Gall selbst von Anfang an protestirt. Seine Lehre hatte es an sich nicht mit dem Schädel, sondern mit dem Gehirn zu thun; man hätte also Gehirnlehre sagen müssen. Weil aber von den beiden Hälften der Gall'schen Lehre die Geisteslehre bei weitem die Hauptsache ist, so war es jedenfalls besser, die Lehre Geisteslehre oder Phrenologie zu nennen.

Gleich Gall hat Spurzheim theils durch Vorlesungen, theils durch zahlreiche Werke, die er in französicher und in englischer Sprache herausgab, mit grossem Erfolg für die Anerkennung und weitere Verbreitung der neuen Geisteslehre gewirkt. Er starb i. J. 1832 in Amerika. Nach dem Tode Gall's und Spurzheims galt George Combe zu Edinburg als der erste der Phrenologen. Viele andere bedeutende Männer in fast allen Ländern Europa's sammelten sich nach und nach um das Banner der Gall'schen Lehre. In vielen Städten Englands, Frankreichs und Amerika's wurden phrenologische Gesellschaften gegründet. Viele Irrenanstalten, Besserungshäuser, Unterrichtsanstalten, besondere in England und Amerika, stehen unter der Leitung der Phrenologen. Die bedeutendsten medizinischen und populären Zeitschriften Englands haben sich zu Gunsten der Phrenologie ausgesprochen.

Im Vergleich mit diesen Erfolgen im Ausland waren die Fortschritte der Phrenologie in Deutschland, seitdem Gall es verlassen, desto geringer. Die Literatur brachte einige Uebersetzungen, aber wenig oder nichts Selbstständiges. Wenn es nicht unbescheiden ist, von mir zu sprechen, so kann ich mich vielleicht rühmen, zuerst selbstständig deutsch über Phrenologie geschrieben zu haben. Ich machte nämlich i. J. 1839 die Entdeckung, dass man durch einen Druck auf die Stelle irgend eines Organes einen dem betreffenden Geistesvermögen entsprechenden Traum hervorrufen kann. Ich stellte diese Entdeckung in einem kleinen Schriftchen dar und überreichte es der Versammlung deutscher Naturforscher und Aerzte zu Pyrmont. Es sind mir seitdem vielfältige Bestätigungen der Wahrheit der Entdeckung bekannt geworden. Im J. 1842 lenkte G. Combe dadurch, dass er in Heidelberg einen Cursus phrenologischer Vorlesungen gab, die Aufmerksamkeit der Deutschen mit nachhaltigem Erfolge auf diese Wissenschaft. Es erschienen nun nach einander eine ziemliche Zahl von Schriften für und gegen dieselbe. Wir haben Grund zu hoffen, dass der Kampf um die Wahrheit der Phrenologie sich in Deutschland bald entscheiden werde, wie er sich in England bereits entschieden hat. Auch ist die Wissenschaft heutzutage weit vollkommener, als sie es namentlich zur Zeit des ersten Auftretens Gall's war; sie darf daher der baldigen allgemeinen Anerkennung weit sicherer entgegensehen. In dieser Beziehung ist auf drei Punkte besonders hinzuweisen.

Erstens. Bei der unendlich grossen Zahl von neuen Thatsachen, welche Gall'n, nachdem er den richtigen Weg zur Auffindung der Grundvermögen des Geistes entdeckt, entgegentraten, konnte es nicht fehlen, dass anfangs die Zusammenstellung und Erklärung dieser Thatsachen eine theilweis mangelhafte war. Sprach doch Gall Anfangs von einem Würgsinn, einem Raufsinn, einem Diebsinn im Menschen u. s. w. Alles dieses ist nun anders und besser geworden. Alle Thatsachen der Wissenschaft sind in harmonischen, wenn man will, philosophischen Zusammenhang gebracht. Zwar die Thatsachen, welche Gall von einem Mordsinn etc. sprechen liessen, stehen fest und bleiben fest stehen, aber die Erklärung der Thatsachen ist eine wissenschaftlich genügende geworden. Doch darf man die Phrenologie wegen dieser Wissenschaftlichkeit nicht, wie oft geschieht, ein System nennen, so wenig als man die Chemie oder die Physik ein System nennen kann. Keine Naturwissenschaft ist ein System, weil keine Naturwissenschaft etwas Fertiges ist. Kein andrer Irrthum über die Phrenologie hat ihr vielleicht so viel geschadet, als der, dass man sie für ein System gehalten, ein System genannt hat.

Zweitens. Man pflegte früher zu glauben, die Phrenologie als Organenlehre sei die Kunst oder wolle die Kunst sein, aus der Kopfgestalt jedes Menschen seinen Charakter nach allen Zügen genau zu bestimmen. Es ist ein grosser Fortschritt, dass in der neueren Zeit von den Phrenologen wiederholt und laut ausgesprochen wurde, dass die Phrenologie diese Kunst nicht ist, sondern dass sie nur die Wissenschaft von den Grundvermögen des Geistes und ihren Organen ist, und dass diese Wissenschaft nur allein aus denjenigen Fällen zusammengestellt worden ist, wo ein Grundvermögen des Geistes und sein Organ entweder in sehr starkem oder in sehr schwachem Masse sich vorfindet. Die Phrenologie ist indessen darum nicht, wie man glauben könnte, gleichsam eine Ausnahmswissenschaft, die nur in seltenen Fällen, bei wenigen Menschen ihre Anwendung findet. Nein, wirkliche, wesentliche Charakterverschiedenheiten finden sich, wenn auch oft in sehr geringer Zahl, bei jedem Menschen. Alle wirklichen Charakterzüge aber sind durch ein entschieden starkes oder schwaches Maass eines Grundvermögens des Geistes bedingt. Also über jeden Menschen giebt die Organenlehre der Phrenologie wissenschaftlich sicheren Aufschluss, aber nicht über seinen ganzen Charakter nach allen kleinsten Zügen, sondern nur über diejenigen Züge, welche die Natur mit Entschiedenheit ausgesprochen hat.

Endlich. So lange die neue Geistes- und Organenlehre noch Gall's oder Gall's und Spurzheims alleiniges Eigenthum, von diesen Männern allein gründlich gekannt und vertreten war, so lange lag, — weil auch der scharfsinnigste Beobachter in einzelnen Fällen irren kann, — keine vollkommene Bürgschaft für die Wahrheit aller gesammelten Thatsachen im Ganzen und Einzelnen vor. Dies hat sich jetzt geändert. Die Phrenologie hat bereits als Wissenschaft die Kinderschuhe ausgetreten, ist mündig und selbstständig geworden. Eine grosse Zahl denkender Männer in allen Welttheilen haben jeder selbstständig die Erforschung und Prüfung der Thatsachen der Phrenologie übernommen. Diese Männer, weit entfernt, in allen Beobachtungen übereinzustimmen, führen vielmehr einen geistigen Kampf über sehr viele einzelne Punkte der Wissenschaft. Aber eben d u r c h diesen Kampf beweisen sie, dass sie selbstständige Forscher sind, dass man also überall da, wo ihre Beobachtungen übereinstimmen, von feststehenden Thatsachen in der Phrenologie sprechen kann, so wie man in allen übrigen Naturwissenschaften alles das feststehende

Thatsachen nennt, worüber alle Forscher ausnahmslos
übereinstimmen. In dieser Weise ist bereits eine grosse
Zahl von Grundvermögen des Geistes mit ihren Organen
mit Recht als wissenschaftlich feststehend zu bezeichnen.

Wie man in unserer praktischen Zeit vor Allem nach
dem Nutzen jeder Sache fragt, so hört man auch häufig
fragen: was ist der praktische Nutzen der Phrenologie?
Darf man aber erst fragen, welchen Nutzen die Kentniss der wahren menschlichen Geistesnatur dem Menschen
bringe? Die Erziehungs- und Unterrichtslehre, die Sit-
tenlehre, die Religionslehre, das Strafrecht, die Regierungs-
lehre, welche alle den geistigen Menschen zum Gegenstand
haben, sind ja die höchsten und wichtigsten menschlichen
Wissenszweige. Das bisherige Wanken und Schwanken,
der oft erbitterte Kampf und Zwiespalt und die daraus
hervorgehenden Einseitigkeiten in diesen Wissenszweigen,
wodurch so häufig aller gedeihliche Einfluss derselben auf's
Leben unmöglich wurde, waren aber nur die Folge mangelhafter oder vielmehr fehlender Kenntniss der wahren
Geistesnatur des Menschen. Die Phrenologie, als die wahre
Geisteslehre, wird in allen diesen Beziehungen für die
Menschheit vom höchsten praktischen Nutzen sein. Die
Entdeckungen und Erfindungen in den Gesetzen der Körperwelt, die Eisenbahnen, Maschinen, Telegraphen, haben vor
unseren Augen die Welt umgestaltet. Um so viel der
Geist höher steht als der Körper, um so viel segensrei-
cher, als jene materiellen Entdeckungen es vermochten,
wird die Entdeckung der wahren Geistesnatur des Menschen auf das Wohl der Menschheit zurückwirken.

Ich habe es versucht, verehrte Anwesende, in diesem
kurzen Vortrage das Ganze der Phrenologie Ihnen im

Umrisse zu schildern. Es ist bei der Neuheit und der Vielsei
tigkeit der Phrenologie kaum vorauszusetzen, dass nicht noch
wesentliche Missverständnisse oder Unklarheiten über diese
Wissenschaft in Ihrem Geiste zurückgeblieben sein sollten
Um vielleicht noch einige dieser Missverständnisse zu
beseitigen, bitte ich Sie, mir Fragen aus dem Gebiete der
Phrenologie zur Beantwortung vorzulegen oder Einwürfe
gegen den einen oder den andern Punkt des Vorgetragenen
zu machen. Ich werde Ihnen für jede Bemerkung dank-
bar sein, welche zur näheren Besprechung irgend einer
Seite der Phrenologie Veranlassung gibt.

Ein Zuhörer A. Sie haben in Ihrem Vortrag eine
Schilderung von der Phrenologie gegeben, die mich
einigermassen überrascht hat. Sie sagen, die Phrenologie
sei Geisteslehre, ja Sie behaupten sogar, sie sei die allein
wahre Geisteslehre und die bisherige Psychologie sei nichts
als ein grosser Irrthum. Diese Darstellung der Phrenologie hat mich, wie gesagt, überrascht, aber keineswegs
befriedigt. Ich glaube, Sie sind, wenn auch in Ihrer
Behauptung manches Wahre liegt, doch viel zu weit gegangen, wie man ja findet, dass Vertreter neuer Ideen
und Entdeckungen in deren Werthschätzung zu weit zu
gehen pflegen. Ich bin Psycholog, habe über Psychologie
geschrieben und glaube eine Stimme über das in der
Psychologie bisher Geleistete zu haben. Sie scheinen alles
dieses als werthlos zu verwerfen und — an die Stelle
setzen Sie eine noch sehr problematische, nichts weniger
als allgemein anerkannte Lehre. — — Sie haben selbst
aufgefordert, Bedenken oder Einwürfe über Ihren Vortrag
auszusprechen, Sie werden daher, was ich hier gesagt,
nicht unpassend finden; ich hielt es für meine Pflicht, die
Psychologie gegen Ihr Urtheil, welches mir ungerecht
scheint, in Schutz zu nehmen.

S. Ich spreche Ihnen im Gegentheil meinen Dank dafür

aus, dass Sie die Psychologie gegen meinen Angriff vertheidigen wollen. Ich hoffe, dass sich durch unsere Besprechung die Wahrheit desto deutlicher herausstellen wird. Was also scheint Ihnen in meinem Angriff auf die Psychologie unbegründet zu sein, oder — um den Gegenstand unserer Besprechung sofort klar abzugrenzen —: welches sind, da Sie Einiges in meinen Behauptungen über die Psychologie als wahr anzuerkennen scheinen, die Punkte meines Angriffs, die Sie für begründet, und welches die, die Sie für unbegründet halten.

Der Zuhörer A. Ich wollte, ohne auf Einzelnes einzugehen, die Psychologie nur im Allgemeinen gegen Ihren Angriff in Schutz nehmen.

S. Das Allgemeine besteht aus dem Einzelnen. Ich verstehe nicht, wie wir, ohne in's Einzelne einzugehen, die Sache besprechen können. Doch ich schreibe Ihnen keinen Vertheidigungsplan vor. Gehen Sie in Ihrer Vertheidigung ganz nach Gutbefinden vor.

Der Zuhörer A. Ich glaube die Psychologie schon im Allgemeinen vertheidigt zu haben, indem ich meine Ueberzeugung dahin aussprach, dass Sie in dem Angriff auf die Psychologie viel zu weit gegangen sind. Jederman wird mir hier beistimmen, und auch Sie selbst, wenn Sie den Gegenstand unbefangen betrachten.

S. Ich finde Ihren Widerspruch gegen meinen Angriff auf die Psychologie ganz natürlich: aber ich kann Ihnen nicht erlauben, dass Sie diesen Widerspruch eine Vertheidigung der Psychologie nennen. Ich habe diese Ansicht von der Psychologie, Sie jene. Diese beiden Ansichten sind als solche ganz ohne Werth. Ich habe aber meine Ansicht begründet, Sie die Ihrige nicht. Ich bitte um ein Wort dieser Begründung, damit unser wissenschaftlicher Streit für die Anwesenden nicht ganz ohne Inhalt und Ergebniss bleibe.

Der Zuhörer A. Ein näheres Eingehen auf die Sache
wäre ja schon der Zeit wegen, die dies erfordern würde,
hier nicht wohl möglich.

S. Ich halte im Gegentheil die vorliegende Streitfrage
in den Hauptpunkten für so klar und einfach, dass ihre
Besprechung vergleichungsweise sehr wenig Worte und Zeit
erfordern wird. Ich will Sie jedoch in Ihrer Vertheidigung
der Psychologie unterstützen, indem ich mir erlaube, einige
kurze Fragen zu stellen, deren gefällige Beantwortung von
Ihrer Seite unseren Streit schnell zu einem Ergebniss führen
wird. Sind nicht von den Psychologen Hunderte von sogenannten Systemen der Psychologie aufgestellt worden,
deren keines in den ersten Sätzen der Wissenschaft, in
der Frage nach den Grundvermögen des Geistes, mit dem
andern übereinstimmt? — — — (Der Zuhörer A. schweigt.)
Diese Frage erheischt allerdings keine ausdrückliche Beantwortung, da Niemand sie verneinen könnte: ich bejahe sie
also an Ihrer Stelle, wenn Sie mir nicht widersprechen. — —
Haben nicht die sämmtlichen Psychologen die Selbstbeobachtung an die Spitze der Wissenschaft gestellt, durch
Selbstbeobachtung die Grundvermögen des Geistes aufzufinden, die menschliche Geistesthätigkeit zu erklären ge-
meint? und hat auch nur ein Psycholog diese Thätigkeit,
wie sie uns im Leben entgegentritt, also. z. B. die Charakterverschiedenheit der Menschen, die sogenannten Wi-
dersprüche im menschlichen Gemüth, das einseitige Genie,
den einseitigen Blödsinn und Wahnsinn u. s. w. thatsächlich
zu erklären vermocht? Auch auf diese Frage gibt es nur
eine mögliche Antwort, eine verneinende. — — — Ist in der
Psychologie vermittelst der Selbstbeobachtung nur eine einzige thatsächliche Wahrheit zu Tage gefördert worden, wie
deren in den übrigen Naturwissenschaften (in der Chemie,
der Physik, der Phrenologie u. s. w.) Tausende vorliegen?
Oder — dieselbe Frage —gibt es in der Psychologie nur

eine einzige Wahrheit, welche das Eigenthum, der Inhalt dieser Wissenschaft ist, eine Wahrheit, welche der gelehrte Psycholog von der Natur oder der Beschaffenheit des Geistes mehr weiss, als jeder gewöhnliche denkende Mensch, welcher niemals einen Blick in ein psychologisches Werk geworfen? Auch diese Frage darf und muss ich an Ihrer Stelle verneinend beantworten. Sie können mir eine solche Wahrheit, welche es nicht gibt, nicht nennen. — — — Ja viele Psychologen selbst, und gerade die tüchtigsten, haben offen und ungescheut die Leerheit der bisherigen Psychologie an allen wissenschaftlichen Ergebnissen anerkannt. So sagt z. B. Drobisch, wohl der scharfsinnigste und geistesfreiste der lebenden Psychologen: "Die Psychologie muss sich endlich, so gut als alle andern Naturwissenschaften es mussten, entschliessen, mit ihrer Geschichte zu brechen, die nun einmal von wenig mehr, als von einer Reihe unvollkommener oder verfehlter Bestrebungen zu erzählen weiss." Aehnliche Aussprüche denkender Psychologen lassen sich viele aufzählen. Ergibt sich aber nach allem diesem, — dies ist meine letzte Frage, — dass ich in meinem ungünstigen Urtheil über die Psychologie, welches nicht anders lautet, als das vieler Psychologen selbst, zu weit, viel zu weit gegangen bin? — — — Nein, mein Urtheil ist nur ein gerechtes. Die Psychologie, die bisherige Lehre von den Grundvermögen des Geistes, ist so gewiss nur ein blosses Scheinwissen, als die Kenntniss von den Grundstoffen der Körper noch vor kurzer Zeit, als es noch keine Chemie gab, als man noch von sogenannten vier Elementen der Körper träumte, ein blosses Scheinwissen war. — — Mit diesem Urtheil über die Psychologie ist freilich über die Phrenologie und ihre Wahrheit noch keine Entscheidung ausgesprochen, eine Entscheidung, welche, um wohl begründet zu sein, sehr vieler Worte bedürfen würde. Sollten die Andeutungen, welche ich in meiner heutigen Vorlesung über das Wesen der Phrenologie gegeben habe, diese Wissenschaft der näheren, gründlichen Kenntnissnahme werth erscheinen lassen, so glaube ich in dem zweiten Heft meiner "Phrenologischen Bilder" ausführlich genug gewesen zu sein, um bei dem Leser die volle Ueberzeugung von der Wahrheit der Phrenologie als naturwissenschaftlicherGeisteslehre zu begründen. Wenn dieser Gegenstand, soweit es die Kürze der Zeit erlaubt, hinreichend besprochen zu sein scheint, so darf ich vielleicht um weitere Fragen über den einen oder den andern Punkt meines Vortrags bitten.

Ein Zuhörer B. Die Phrenologie schliesst, wie Sie in dem Vortrage sagten, von der Grösse des Gehirns auf die Stärke des Geistes. Dies mag wohl im Allgemeinen richtig sein. Es ist wahr, der Mensch hat unter allen Geschöpfen das grösste Gehirn und steht auch an Geisteskraft am höchsten. Allein wir sehen doch, dass geistreiche, gelehrte Menschen oft einen vergleichungsweis kleinen Kopf haben, wogegen geistlose, beschränkte Menschen sich oft durch einen grossen, dicken Kopf auszeichnen. (Heiterkeit unter den Zuhörern.) Also kann ein wissenschaftlich sicherer Schluss von der Grösse des Gehirns auf die Stärke des Geistes jedenfalls nicht gezogen werden, was doch vor Allem nöthig wäre, um der Phrenologie den Charakter als Wissenschaft beilegen zu können.

S. Diese Frage ist sehr gut und ich spreche Ihnen dafür meinen besten Dank aus. Sie ist so zu beantworten. Die Stärke des Geistes ist durch zwei Momente bedingt, durch die Grösse (das Quantum) und durch die Beschaffenheit (das Quale) des Gehirns. Die Beschaffenheit des Gehirns ist eine sehr verschiedene bei den einzelnen Menschen, und hauptsächlich durch das sogenannte Temperament begründet. Bei jedem vollständigen phrenologischen Urtheil kommt daher neben der Grösse auch die Beschaf-

fenheit des Gehirns in Frage, wie denn in jedem phreno-
gischen Buche auch die Lehre von den Temperamenten
ausführlich abgehandelt ist. Gleichwohl gibt es eine Ent-
schuldigung dafür, dass ich in meinem heutigen Vortrag,
welcher nur das Nothwendigste andeuten sollte, die Frage
nach der Beschaffenheit des Gehirns nicht berührt habe.
Man kann nämlich zwar kein vollständiges, aber doch ein
wissenschaftlich sicheres phrenologisches Urtheil schon allein auf die Grösse des Gehirns, abgesehen von dessen
Beschaffenheit, gründen, und gerade dieses Urtheil kommt
bei der Nachweisung der Wahrheit der Phrenologie in Betracht. Der Phrenolog kann zwar nicht, wenn er z. B.
das Vordergehirn bei einem Menschen grösser findet, als
bei einem andern, desswegen jenem stärkere oder so und
so viel stärkere Denkvermögen zuschreiben, als diesem.
Denn wenn sich auch die Gehirnbeschaffenheit ungefähr aus
dem Temperament erkennen lässt, so ist doch diese Erkenntniss keine so genaue, um ein wissenschaftlich sicheres Urtheil über die Stärke des Geistes darauf gründen
zu können. Ebenso kann der Phrenolog, wenn er bei
einem Menschen ein Talent für Malerei oder für Musik
(durch ein grosses Maass der betreffenden Organe) ausgesprochen findet, doch nicht bestimmen, wie stark in sich
selbst dieses Talent ist, oder was der Mensch als Maler
oder als Musiker leistet. Diese Leistungsfähigkeit kann
zwar unter Berücksichtigung des Temperaments annähernd
oder mit einiger Wahrscheinlichkeit bestimmt werden:
aber das Urtheil wird und kann hier, und so in allen
denjenigen Fällen, wo neben der Grösse des Gehirns auch
dessen Beschaffenheit in Frage kommt, nie ein eigentlich
wissenschaftliches sein. Ganz anders in den Fällen, wo
nur allein die Grösse des Gehirns in Betracht kommt, in
den Fällen nämlich, wo nur die verschiedenen Theile
eines und desselben Gehirns, welche ja im Ganzen

immer von derselben Beschaffenheit sind, **unter sich
selbst** verglichen werden. Dies sind die eigentlichen und
die alleinigen Fälle der strengen Wissenschaft. Der Phrenolog kann z. B. dann, wenn bei einem Menschen das
Vordergehirn gegen das Hintergehirn an Grösse bedeutend
zurücksteht, mit voller wissenschaftlicher Sicherheit bei
diesem Menschen die Denkkräfte in der Stärke von den
niederen Sinnen überragt nennen. Oder wenn bei einem
Menschen bestimmte einzelne Gehirntheile im Maasse vor
bestimmten andern sehr vorragen, so kann er wissenschaftlich sicher z. B. das Talent zur Malerei bei dem Menschen
gross und das zur Musik klein, oder den Charakterzug
des Selbstgefühls stark, den des Wohlwollens schwach
nennen u. s. w. Daher kann der Phrenolog auch über Schädel als solche, ohne Berücksichtigung der Gehirnbeschaffenheit, ohne dass ihm bekannt ist, ob der Schädel einem
Sanguiniker oder einem Pflegmatiker u. s. w. angehörte,
vollkommen sichere wissenschaftliche Urtheile geben. (Nur
davon, wie sich versteht, muss er unterrichtet sein, dass
der Mensch geistig gesund war, dass nicht eine Gehirn-
krankheit vorgelegen, in welchem Falle natürlich die
phrenologische oder die Grössenbeurtheilung des Gehirns
wegfiele.) Alle die Fälle nun — wohlverstanden! — welche
der Phrenologie als Organenlehre zum Grund liegen, oder
aus welchen diese Wissenschaft zusammengetragen ist,
sind **nur allein Fälle der letzteren Art**, Fälle
also, wo nur bloss die Grösse des Gehirns und **nicht**
zugleich dessen Beschaffenheit in Betracht kam. — Wenn
Ihnen diese Beantwortung Ihrer Frage als genügend er-
scheint — — (der Zuhörer B. antwortet bejahend), so
können wir zu anderen Fragen fortgehen.

Ein Zuhörer C. Ich erlaube mir, im Namen aller
derjenigen, welchen die höchsten Güter des Menschen,
Religion und Sittlichkeit, am Herzen liegen, einen gewich-

tigen und wohlbegründeten Einwurf gegen die Phrenologie hier auszusprechen. Ich habe immer, seitdem ich zuerst von dieser Lehre hörte, eine ungünstige Ansicht von ihr gehabt und bin nur hierher gekommen, um mich vollends von der Richtigkeit meiner Ansicht zu überzeugen. Ich habe diese Ueberzeugung gewonnen. Sie sprechen klar und offen von Gehirnorganen des Geistes, ohne die Beschuldigung des Materialismus, der Irreligiosität, welche in dieser Behauptung liegt, nur mit einem Worte zu widerlegen. Sie können hier nicht sagen, dass dies nur ein Nebenpunkt sei, der auch wohl übergangen werden durfte, da die hohe Wichtigkeit dieser Sache in die Augen springt. Man kann hieraus mit Sicherheit schliessen, dass es unmöglich ist, den Einwurf zu widerlegen, wie diese Unmöglichkeit ja schon in der Natur der Sache liegt.

S. Ei, wie schwer lautet dieser Einwurf, oder, wie man fast sagen kann, dieser Vorwurf gegen die Phrenologie! Dennoch spreche ich Ihnen für denselben, da er so sichtbar aus ehrlichem Herzen kommt, meinen Dank aus. Er ist, wie ohne Ausnahme alle Einwürfe gegen die Phrenologie, gänzlich unbegründet. Sie machen, sagen Sie, den Einwurf im Namen aller derer, welchen Religion und Sittlichkeit am Herzen liegen. Nein, Sie machen ihn nur im Namen Solcher, welche die Phrenologie nicht kennen und sich eine falsche Vorstellung von ihr gebildet haben. Auch mir liegen Religion und Sittlichkeit am Herzen, und in meinem Namen z. B. machen Sie den Einwurf nicht. Ja auch darum lege ich und viele Andere der Phrenologie einen hohen Werth bei, weil Religion und Sittlichkeit eine mächtige Stütze in ihr finden. Sie meinen auch, weil ich die Phrenologie gegen den so nahe liegenden Einwurf der Irreligiosität nicht vor Allem vertheidigt habe, so ergebe sich hieraus die Unmöglichkeit dieser Vertheidigung. Nein, die Vertheidigung der Phre-

nologie gegen diesen Einwurf ist wirklich nur Nebensache
und könnte auch wohl ganz unterbleiben. Die Lehre
Galilei's vom Lauf der Erde um die Sonne galt bekanntlich
Anfangs allgemein für religionsgefährlich. War es aber
darum die Aufgabe Galilei's, seine Lehre vor Allem
oder nur überhaupt gegen diesen Einwurf zu vertheidigen?
Nein, es kam nur allein darauf an, die Lehre als w a h r
nachzuweisen. Mit dieser Nachweisung fiel jener Einwurf
von selbst weg, da eine Wahrheit in keiner, am wenigsten
in religiöser Beziehung dem Menschen gefährlich sein
kann. (Nicht die Wahrheit, nur der Irrthum, die Unwis-
senheit sind dem Menschen gefährlich.) Gerade so mit
der Phrenologie. Diese suche ich als eine Wahrheit, was
sie ist, nachzuweisen. Gelingt mir dies, so fallen damit
alle übrigen Einwürfe von selbst weg. Ich hätte also
das Recht, über den Einwurf des Materialismus, der so
oft der Phrenologie gemacht wird, als über einen Nebenpunkt wegzugehen, allein ich will Ihnen und wohl auch
Anderen zu Gefallen auf den Einwurf kurz antworten.
Derselbe begreift im Grunde zwei Einwürfe unter sich,
den, dass die Phrenologie dem Glauben an Unsterblichkeit,
und den, dass sie der sittlichen oder Willensfreiheit des
Menschen widerstreite. Betrachten wir jenen Einwurf zuerst.

Organ ist deutsch Werkzeug; wenn daher der Phrenolog von körperlichen Organen des Geistes spricht, so
behauptet er damit nicht, dass der Geist selbst Körper
oder dass Geist und Körper eines und dasselbe sei. Sonst
wäre es auch eine materialistische Behauptung, zu sagen,
dass das Auge das Organ des geistigen Sehvermögens,
das Ohr das des Hörvermögens sei. Jedoch indem die
Phrenologie das Dasein von körperlichen Organen des
Geistes behauptet, ist sie im Grunde gar nicht mehr die
missverstandene und bestrittene Phrenologie, sondern sie ist
die allgemein gekannte und anerkannte Naturwissenschaft.

Alle Naturforscher ohne Ausnahme erkennen das Gehirn als das Organ des Geistes an. Ob aber das Gehirn, wie manche Naturforscher behaupten, ein einfaches Geistesorgan sei (was es nicht sein kann, da es schon sichtbar in mehrere getrennte Theile zerfällt), oder ob es, wie die Phrenologie behauptet, ein mehrfaches Organ ist, das bleibt der Frage des Materialismus gegenüber ganz dasselbe. Sollte Ihnen dieses Verhältniss der allgemeinen Naturwissenschaft zur Frage des Materialismus nicht bekannt sein?

Der Zuhörer C. Wohl ist es mir bekannt, aber wir sehen auch, wohin diese Naturwissenschaft die Menschheit zum Theil schon geführt hat und immer mehr zu führen droht, zum religiösen Unglauben, zum Materialismus.

S. Warum begehen Sie aber alsdann das Unrecht, nur die Phrenologie und nicht ausdrücklich die ganze Naturwissenschaft des Materialismus anzuklagen? Jedoch ich will hierüber nicht mit Ihnen rechten. Ich will eine andere Frage an Sie zu richten mir erlauben. Glauben Sie im Ernste, dass Sie eine wissenschaftlich nachgewiesene, allgemein anerkannte Wahrheit ohne Weiteres als Irrthum verwerfen dürfen, ohne anderen Grund und Beweis, als weil diese Wahrheit Ihnen ein Irrthum zu sein scheint? Ist es nicht unendlich viel wahrscheinlicher, dass Sie sich in dem Schlusse der Irreligiosität, welchen Sie aus dieser Wahrheit ziehen, irren, als dass alle jene Männer über die thatsächliche Wahrheit selbst sich täuschen sollten? Gewiss, nur Sie irren hier. Es liegt sogar der unmittelbare Beweis vor, dass die Naturwissenschaft in der fraglichen Wahrheit nicht materialistisch ist. Während nämlich zwar viele Naturforscher der materialistischen Ansicht huldigen, sind viele andere der entgegengesetzten Ueberzeugung, ein voller Beweis, dass die Naturwissenschaft als solche nicht die materialistische Ansicht in sich schliesst oder nothwendig zur Folge hat. Es ist mir gerade ein kleiner Aufsatz zur Hand, welchen ein geachteter Gelehrter einer Stadt Süddeutschlands über die vorliegende Frage bei Gelegenheit meiner Vorlesungen an jenem Orte veröffentlicht hat. Ich erlaube mir, einen Theil dieses Aufsatzes als hier an der Stelle Ihnen zu lesen: "Wenn sich die Phrenologie durch die Thatsachen mehr und mehr als Wahrheit bestätigt, so muss der praktische Nutzen dieser Lehre ein sehr grosser sein, z. B. für Menschenkenntniss und für Selbstkenntniss, für Charakterbildung und Selbstbeherrschung, für Kindererziehung, für Unterricht, für die Berufswahl u. s. w. Völlig grundlos ist daher die Meinung, die man bisweilen aussprechen hört, die Phrenologie, wenn sie wahr sei, könne auch Schaden bringen, sie könne namentlich zur Irreligiosität und zum Materialismus führen. Es ist mir speciell bekannt, dass mehrere der stronggläubigsten Männer sich mit dem lebhaftesten Interesse dieser Wissenschaft und den Vorlesungen von Dr. Scheve zugewendet haben. Es wäre auch fürwahr sehr nieder vom Schöpfer gedacht, wenn man glaubte, dass seine Werke Zeugniss gegen ihn ablegen könnten, wie man wirklich anfangs die Wahrheit vom Lauf der Erde um die Sonne gotteslästerlich und religionsgefährlich genannt hat, statt dass man sie jetzt als einen Beweis mehr für die Grösse und Herrlichkeit des Schöpfers geltend macht. Auch die Phrenologie spricht vielmehr für das Dasein Gottes und für Unsterblichkeit. Denn da sie z. B. ein Organ der Religiosität oder Gottesverehrung im Menschen nachweisst, so muss auch der diesem Sinn entsprechende Gegenstand, die Gottheit, existiren, weil ja die Natur nicht lügen, sich selbst nicht widersprechen kann. Da ferner der Gehirnorgane der Denk- und Gefühlskräfte viele, und alle diese Organe überdies doppelt sind, [welche alle erweislich in einem Punkte sich nicht vereinigen; s. Phrenol. Bilder S. 345 — 398] während wir (doch mit diesen vielen und doppelten Organen nur |einfach denken und fühlen, so ist dadurch klar bewiesen, dass der einheitliche Geist etwas Anderes ist und sein muss, als der in Theile zerfallende Körper, die Materie, dass also der Materialismus so vieler Naturforscher, welche die Phrenologie nicht kennen, auf falschem Grunde beruht. Die Freunde der Religion sollten daher die Verbreitung und das Populärwerden der Phrenologie vielmehr mit Freuden begrüssen. Unsere Zeit, das lässt sich nicht leugnen, hat den alten Glauben verloren; die meisten Menschen wollen heutzutage denken und wissen, nicht mehr glauben. Der Grund liegt in dem einseitig materiellen Zeitgeiste, welcher von einigen Naturwissenschaften ausgeht. Vor lauter Chemie und Physik, vor Eisenbahnen und Maschinen, kurz vor der Körperwelt und ihren Kräften, hat man ganz vergessen, dass es auch einen menschlichen Geist, ein menschliches Herz und Gemüth gibt. Die Freunde der Religion suchen daher häufig den religiösen Sinn dadurch zu wecken, dass sie die Geister lieber vom Studium der Naturwissenschaften abwenden möchten. Allein diese Wissenschaften können nicht mehr aus ihrer Stellung verdrängt werden: im Gegentheil, sie werden an Macht noch unendlich wachsen, und was wir heutzutage davon erblicken. ist nur ein schwacher Anfang von dem, was noch kommen wird. Das Verhältniss der Religion zur Naturwissenschaft ist aber glücklicher Weise ein ganz anderes, als jene Männer voraussetzen. Denn nicht die Naturwissenschaften als solche, sondern nur ihre Einseitigkeit steht der Religion entgegen. Ein grosser Naturforscher (Haller) hat schon vor langer Zeit gesagt: die halbe und falsche Wissenschaft führt von Gott ab, die ganze und wahre führt zu ihm zurück. Die Freunde der Religion werden daher dann und nur dann ihren Zweck

und Ihr Ziel erreichen, den religiösen Sinn in der Menschheit gründlich und innerlich wieder zu heben und zu
beleben, wenn sie nicht nur der Naturwissenschaft nicht
entgegentreten, sondern sie vielmehr ihrem weiteren Aus-
baue entgegen zu führen, d. i. sie in ihrer zweiten,
bisher zu wenig gepflegten Hälfte, der Phrenologie
als der menschlichen Geistes- und Gemüthslehre
kräftigst zu fördern suchen.«
Der zweite Einwurf gegen die Phrenologie, welcher
mit dem Einwurf des Materialismus nahezu in Eins zu-
sammenfällt, ist der, dass die Phrenologie der sittlichen
oder Willensfreiheit des Menschen widerstreite. Auch dieser
Einwurf beruht auf einem Missverständniss, auf mangelhafter Kentniss der Phrenologie. Man glaubt z. B. wohl,
es gebe nach der Phrenologie einen Diebsinn, einen Mordsinn, u. s. w. und wer den einen oder den andern habe,
der müsse stehlen oder morden. Nein, wie ich schon oben
in dem Vortrage gezeigt habe, besitzt jeder Mensch alle
inneren Sinne oder Grundvermögen des Geistes, der eine
die nämlichen, wie der andere, und keiner dieser Sinne
führt an sich zum Schlimmen oder Bösen, sondern nur
dann, wenn ein Sinn gegen die übrigen sehr stark oder
sehr schwach ist, kann eine fehlerhafte Neigung entstehen.
Der Mensch hat allerdings, wie die Phrenologie erklärt
und nachweist, fehlerhafte Neigungen. Wenn man gegen
die Phrenologie behaupten wollte, dass der Mensch diese
nicht habe, so würde man damit aller Erfahrung widersprechen. Wie die Phrenologie, so weiss jeder Vernünf-
tige, dass der Mensch sehr mannichfaltige fehlerhafte Neigungen hat, der eine zum Zanken und Streiten, der andere
zur Falschheit, der andere zum Hochmuth, der andere zum
Geiz u. s. w. Und der Mensch ist schwach, sehr schwach
gegen diese Neigungen. Welche Geständnisse sind in dieser
Beziehung von den edelsten, trefflichsten Menschen abgelegt

worden, wie z. B. von dem Apostel Paulus! (Wollen habe
ich wohl, aber vollbringen das Gute finde ich nicht: denn
das Gute, das ich will, das thue ich nicht, sondern das
Böse, das ich nicht will, das thue ich.) Muss aber der
Mensch desswegen, weil er diese fehlerhaften Neigungen
hat, denselben unbedingt in seinen Handlungen folgen? Nichts
weniger, er hat vielmehr die Aufgabe, dieselben zu bekämpfen, wie der Choleriker seine Heftigkeit, der Phlegmatiker seine Trägheit bekämpfen muss. Die fehlerhaften
Neigungen sind dem Menschen eben zu dem Zweck von
der Natur gegeben, damit er gegen dieselben ankämpfe
und sich so seiner sittlichen Freiheit bewusst werde. Es
gäbe ja keine Tugend, wenn es keine Neigung zum Laster
gäbe. Der sittlichen Freiheit gegenüber ist nun aber der
Unterschied kein wesentlicher, ob diese Neigungen in den
Gehirnorganen oder ob sie in dem Temperamente begründet sind. Die Frage, auf welche es in der vorliegenden
Beziehung allein ankommt, ist die: in welchem von beiden
Fällen erfüllt der Mensch seine Lebensaufgabe der Be-
kämpfung seiner fehlerhaften Neigungen mit mehr Glück
und Erfolg, wenn er sich selbst und seine Neigungen gründlich kennt, oder wenn er sich nicht gründlich kennt? Gewiss im ersteren Fall. Die Phrenologie, welche den Menschen gründlich sich selbst kennen lehrt, wird daher, wenn
sie erst allgemein gekannt sein wird, sehr viel zur Hebung
und Förderung der sittlichen Freiheit in der Menschheit
beitragen.

Diese Andeutungen halte ich zur nöthigsten Wider-
legung des gegen die Phrenologie erhobenen Einwurfs der
Irreligiosität und des Materialismus für hinreichend. Aus-
führlichere und gründlichere Erörterungen über diese Frage
würden Sie in dem ersten und dem vierten Heft meiner
„Phrenologische Bilder" finden. — Darf ich vielleicht die
verehrten Anwesenden um einige weitere Fragen bitten?

Ein Zuhörer D. Ich habe in Ihrem Vortrag etwas
vermisst, was ich gerne gehört hätte: eine wissenschaftliche Begründung der Phrenologie. Diese Begründung
scheint überhaupt die schwache Seite der Phrenologie zu
sein. Ich habe schon Manches über diese Lehre gelesen,
aber eine wissenschaftlich überzeugende Begründung ihrer
Wahrheit habe ich bisher vergebens gesucht; auch in Ihrem
Vortrag fand ich sie nicht.

S. Welche der beiden Hälften der Phrenologie haben
Sie bei Ihrer Frage nach einer wissenschaftlichen Begründung im Auge, die Geisteslehre oder die Organenlehre,
oder vielleicht beide zugleich?

Der Zuhörer D. Die Geisteslehre ist hier jedenfalls
Nebensache: ich spreche nur von der Phrenologie als Gehirnlehre oder Organenlehre.

S. Die Geisteslehre ist nichts weniger als blos Nebensache in der Phrenologie, sondern die erste und wichtigste
Hälfte derselben. Aber lassen wir diese Meinungsverschie-
denheit zwischen uns fallen, sprechen wir nur von der
Organenlehre der Phrenologie. Sie sind, wie Ihre Auffassung der phrenologischen Frage ergibt, Mediziner. Es
ist Ihnen wahrscheinlich bekannt, wie sehr verschieden die
Ansichten der Mediziner über die Phrenologie (als Organenlehre) sind: manche erkennen sie als wahr an, manche
verwerfen sie als Irrthum, die meisten halten sie für ein
Gemisch aus Irrthum und Wahrheit. Darf ich Sie fragen,
um dadurch unsere Besprechung wesentlich zu fördern,
welches Ihre Ansicht von der Phrenologie ist, oder —
eine naheliegende bestimmtere Frage —: halten Sie die
Phrenologie für möglich oder für unmöglich?

Der Zuhörer D. Möglich mag die Phrenologie sein,
aber für wirklich, für thatsächlich wahr halte ich
sie nicht.

S. Gut, Sie stehen also der Phrenologie gegenüber

ungefähr auf dem Standpunkte Johannes Müller's, auf welchem heutzutage weit die Mehrzahl der Aerzte Deutschlands steht. Johannes Müller hält die Phrenologie, indem er gegen ihre Theorie nichts einzuwenden hat, zwar für möglich, aber nicht für thatsächlich wahr. Ehe ich nun Ihre Frage nach einer wissenschaftlichen Begründung der Phrenologie beantworte, gestatten Sie mir eine Frage. Was ist die wissenschaftliche Begründung irgend welcher andern Naturwissenschaft, z. B. der Chemie? oder wie begründet man wissenschaftlich die Wahrheit, dass der Magnet das Eisen anzieht?

Der Zuhörer D. (beginnt einige Worte zu sprechen, zögert aber und schweigt.)

S. Wenn Ihnen die Beantwortung der Frage schwer fällt, so will ich diese Beantwortung geben. Die wissenschaftliche Begründung jeder Naturwissenschaft (jedes Zweiges der Naturwissenschaft) besteht nur allein in der geordneten Darstellung ihrer Wahrheiten selbst. Daher kann eine Naturwissenschaft nicht aus der andern oder durch die andere begründet werden, sondern jede hat ihre Begründung nur in und durch sich selbst. Ja, eine jede besondere Naturwissenschaft, wie z. B. die Chemie, ist nur desswegen eine solche, weil sie eine hinlängliche Zahl selbstständiger, einen eigenen Wissenskreis bildender Wahrheiten umfasst. Ganz so ist auch die wissenschaftliche Begründung der Phrenologie keine andere und kann keine andere sein, als die geordnete Darstellung der phrenologischen Wahrheiten selbst, wie ich sie in meinem heutigen Vortrage in kurzem Umrisse gegeben habe.

Der Zuhörer D. Wohl; allein der Unterschied zwischen der Phrenologie und den übrigen Naturwissenschaften bleibt immer der, dass die letzteren sich über ihre Wahrheiten oder Thatsachen genügende Rechenschaft zu geben wissen, die Phrenologie nicht. Diese spricht von ge-

trennten Gehirnorganen der Geisteskräfte, ohne eine wissenschaftliche Erklärung darüber zu geben, was sie eigentlich unter Organ versteht oder wie sie diese Trennung
der Organe sich nachgewiesen denkt.

S. Nein, dieser Unterschied zwischen der *Phrenologie*
und den übrigen Naturwissenschaften besteht nicht. *Sie*
sind hier mit allen Gegnern der Phrenologie in einem
grossen Irrthum befangen, einem Irrthum, welcher *in dem
Meinungsstreite* gegen diese Wissenschaft eine Hauptrolle
spielt. Man unterscheidet in der Auffassung und Beur-
theilung der Phrenologie nicht, wie man müsste, zwischen
der S a c h e und den W o r t e n. In allen übrigen Naturwissenschaften fasst man nur die Sachen selbst in's Auge
und hält die zur Bezeichnung der Sachen dienenden Worte
als solche, wie sie es sind, für gleichgiltig. In dem Urtheil über die Phrenologie dagegen sieht man von der
Sache ab und hält sich an die Worte, zieht aus den Worten gleich als aus Sachen Schlüsse, macht an die Worte
gleich als an Sachen Anforderungen. Die Phrenologie
spricht von getrennten Gehirnorganen des Geistes. Sie
weiss nicht, was ein Geistesorgan dem Wesen nach ist,
wie der Geist in den Organen oder durch sie wirkt oder
mit ihnen zusammenhängt, sie kennt die Grenzen nicht,
durch welche die Organe von einander getrennt sind.
Alles dieses weiss die Phrenologie nicht. Sie kennt und
weiss nur allein die Thatsachen, dass überall und ohne
Ausnahme da, wo bei einem Menschen gewisse bestimmte
Gehirntheile sehr gross oder sehr klein sind, gewisse bestimmte Charakterzüge (Triebe, Gefühle, Talente etc.) sich
sehr stark oder sehr schwach zeigen. Diese Thatsachen
sind der e i n z i g e und der g a n z e Inhalt der Phrenologie
als Wissenschaft. Um diese Thatsachen zu b e z e i c h n e n,
sagt die Phrenologie, dass diese oder jene bestimmten
Gehirntheile die Organe dieser oder jener Geistesvermögen,

und dass diese Organe wie die Geistesvermögen selbst
unter sich getrennt sind. Dieses Verhältniss zwischen
Sache und Wort in der Phrenologie beachtet man nicht
oder erkennt es nicht an. Man hält sich an die Worte
»Organ« und »Trennung der Organe,« und verlangt von
dem Phrenologen, dass er auf die Begriffe, welche man
in diese Worte legen kann, seine Wissenschaft schlussfol-
gernd begründe, sie darauf gleichwie ein philosophisches
System aufbaue. Was würde aus allen Naturwissenschaften
werden, wenn man in dieser Weise gegen sie verführe!
Der Physiker sagt, dass der Magnet das Eisen anzieht.
Er weiss nicht, wie dies geschieht, ob nicht vielmehr
das Eisen den Magnet anziehe u. s. w. Allein Niemand nimmt an dem Worte Anstoss; man fasst nur die
Sache in's Auge, für welche das Wort als Bezeichnung
dient. Wenn man gegen die Physik wie gegen die Phrenologie verfahren wollte, so könnte man auch mit dem
Physiker rechten und streiten; man könnte von ihm ver-
langen, dass er zuerst, damit man seine Behauptung als
wahr gelten lasse, das Anziehen des Eisens durch den
Magnet wissenschaftlich begründe und erkläre, gleichsam
diese Thatsache wissenschaftlich selbst schaffe: eine Forderung, welche gleich der Forderung an die Phrenologie
ihrem Wesen nach unerfüllbar ist. — Dies meine Antwort
auf Ihre Frage nach einer wissenschaftlichen Begründung
der Phrenologie.

Der Zuhörer D. Was Sie hier sagen, scheint nicht
unrichtig zu sein; ich gestehe, es überrascht mich, und
zwar zu Gunsten der Phrenologie; man beurtheilt dieselbe
in dieser Beziehung gewöhnlich einseitig. Allein....

S. Gestatten Sie mir, Ihnen meine Anerkennung für
dieses Ihr Geständniss auszusprechen. Solche Geständnisse könnten so häufig gemacht werden und sind so sehr,
sehr selten. — Ich unterbrach Sie.

Der Zuhörer D. Auch unter den für die Phrenologie
günstigsten Voraussetzungen bleibt immer noch ein Haupt-
einwurf gegen sie übrig, welcher jedenfalls nicht beseitigt
werden kann. (S. Ei!?) Die Phrenologie ist immer keine
wahre, keine exakte Wissenschaft und kann es niemals
sein. Sie vergleichen die Phrenologie wiederholt mit den
Naturwissenschaften: aber Sie müssen einräumen, dass die
Phrenologie den Charakter der Genauigkeit und Gewissheit, wie diese Wissenschaften, nicht hat und nicht haben
kann.

S. Nein, das räume ich nicht ein. Ich habe auf
Ihren Einwurf, dass die Phrenologie keine wahre oder
exakte Wissenschaft sei, zwei Antworten zu geben, deren
jede allein genügen würde, ihn zu beseitigen. Zuerst darf
ich Sie wegen dieses Einwurfs der Kurzsichtigkeit be-
schuldigen. Sie blicken in der Wissenschaft nicht über
die Gegenwart hinaus, weder rückwärts noch vorwärts.
Vor hundert Jahren z. B. hätten Sie den Einwurf nicht
machen können, da im Vergleich zu den damaligen Wissenschaften die Phrenologie gerade eine exakte Wissenschaft ist. Man nennt heutzutage die Naturwissenschaften
der Körperwelt exakte Wissenschaften, weil in denselben
gewogen, gemessen, gerechnet wird. Sollte es aber nicht
auch eine andere wissenschaftliche Sicherheit und Be-
stimmtheit geben können, als nur eine durch Maass und
Gewicht erreichte? Niemand kann diese Möglichkeit be-
streiten. Sie thun dies dennoch: Sie nehmen an, weil es
heutzutage ausser den Naturwissenschaften der Körperwelt
keine exakte Wissenschaften gebe, oder weil Ihnen keine
solche bekannt sind, so könne es überhaupt und niemals
solche geben. Es gibt aber schon jetzt eine solche: eben
die Phrenologie. Wohl kann der menschliche Geist nicht
gewogen oder gemessen oder mit Zahlen berechnet werden; wohl erheischt derselbe seiner Natur nach anders-

4

artige Forschungen und Beobachtungen, als die wir in den
übrigen Naturwissenschaften kennen; aber gleichwohl läßt
er vollkommen sichere und bestimmte Nachweisungen
über seine Kräfte oder seine Thätigkeiten zu. Es gibt,
wie die Phrenologie näher zeigt, in einer grossen Zahl
von Menschen wirkliche Charakterzüge, .d. i. einzelne
sehr starke oder sehr schwache Triebe, Neigungen, Talente
etc., welche sich mit voller wissenschaftlicher Sicherheit
als solche erkennen und nachweisen lassen. Sofern die
Phrenologie als naturwissenschaftliche Geisteslehre in dieser Art ein bestimmtes thatsächliches Wissen darbietet,
so ist sie wahre, bestimmte, (nach ihrem Wesen exakte)
Wissenschaft. (Dass die Phrenologie als Organenlehre
eine wahre oder exakte Wissenschaft sein könne, d. i.,
dass sehr grosse und sehr kleine bestimmte Gehirntheile
wissenschaftlich sicher unterschieden werden können, wird
von Ihnen wohl kaum bestritten werden.) — Meine zweite
Antwort ist etwas scharf, sie nimmt die Sache streng
und genau, wie sie genommen werden muss. Ich spreche
Ihnen nämlich ein Urtheil über die Wissenschaftlichkeit
oder Unwissenschaftlichkeit der Phrenologie, ja überhaupt
ein Urtheil irgend einer Art über die Phrenologie gänzlich ab. Wie könnten Sie über die Phrenologie urthei
len, da Sie sie nicht kennen? Sie haben, sagen Sie,
Manches über die Phrenologie gelesen. Kann man aber
eine Naturwissenschaft aus Büchern kennen lernen? Was
würde Ihnen der Chemiker oder der Physiker antworten,
wenn Sie nach dem Lesen einiger chemischer oder phy·
sikalischer Bücher über diese Wissenschaften absprechen
wollten? Sie wissen von der Phrenologie, wenn Sie nicht
ihre praktische Seite, ihre Thatsachen kennen, sehr wenig,
Sie kennen nicht ihre Stärke und nicht ihre Schwäche,
kurz Sie wissen nichts, Sie vermuthen, Sie meinen nur
etwas von ihr. Sie halten die Phrenologie, wie Sie sagen,

für möglich, aber nicht für wahrscheinlich. Ist ein solches leeres Urtheil über eine so höchst wichtige Naturwissenschaft des Naturforschers würdig? Und liegen nicht vollends die phrenologischen Thatsachen der Prüfung so sehr nahe? Die Charaktere wie die Kopfgestalten der Menschen sind so unendlich mannigfaltig und verschieden. Die Phrenologie behauptet, dass zwischen diesen beiderlei Verschiedenheiten eine bestimmte ausnahmslose Uebereinstimmung statt findet. Wie leicht ist es also, sich die eigne Ueberzeugung von der Wahrheit oder Unwahrheit der Phrenologie zu verschaffen! — Genügen Ihnen diese Antworten auf Ihren Einwurf?

Der Zuhörer D. Sie genügen mir nicht ganz, aber sie lassen sich hören. Ich werde die Thatsachen der Phrenologie kennen lernen und prüfen.

S. Glück auf! Möchten alle Gegner der Phrenologie Ihnen gleichen! — Die Zeit erlaubt uns wohl noch die Beantwortung einer weiteren Frage.

Ein Zuhörer E. Sie nennen die Phrenologie eine wirkliche Wissenschaft, haben aber doch in Ihrem Vortrag bemerkt, dass man durch die Phrenologie nicht alle, sondern nur die hauptsächlichsten Charakterzüge im Menschen erkennen könne. Liegt hierin nicht ein Widerspruch? Sollte nicht die Phrenologie, wenn sie eine wirkliche Wissenschaft ist, auch ein volles Wissen geben, den Menschen ganz erkennen lassen?

S. Ihre Bemerkung beruht auf einem Missverständnisse. Die Phrenologie ist nur die Lehre von dem (bewussten) menschlichen Geiste (dessen Organ das Gehirn ist): sie ist nicht allgemeine Menschenkunde und kann es nicht sein, so wenig als die Chemie, obgleich eine wirkliche Naturwissenschaft, allgemeine, umfassende Naturlehre ist. Ich will Ihre Frage mit einigen kurzen Bemerkungen über das Verhältniss der Phrenologie zur allgemeinen Menschenkunde beantworten und damit meinen heutigen Vortrag beschliessen. (Dabei werde ich jedoch das Verhältniss der Physiognomik zur Phrenologie nicht berühren, da dasselbe nicht unmittelbar mit der vorliegenden Frage zusammenhängt, auch dessen Besprechung hier etwas zu weit führen würde. Ich habe an anderen Orten ausführlich hiervon gehandelt.) Der Mensch bringt einen Charakter (eine geistige Eigenthümlichkeit) mit zur Welt. Derselbe ist begründet theils in dem Maasse der einzelnen Geisteskräfte oder in der Gehirnbildung, theils in der allgemeinen Körperbeschaffenheit oder (wie man hier sagen kann) dem Temperament. Dieser angeborene Charakter entwickelt und gestaltet sich jedoch verschieden je nach der Erziehung, dem Unterricht, der Gesellschaft des Menschen. Der Mensch ist also das, was er ist, aus zwei Ursachen geworden, erstens durch seine Geburt oder durch sich selbst, zweites durch die Einwirkung der Aussenwelt auf ihn. Um daher ein vollständiges Charakterbild von einem Menschen zu besitzen, müssten wir theils seinen angebornen Charakter (Gehirnbildung und Temperament), theils die Verhältnisse, in welchen er von Geburt an gelebt hat, vollständig kennen.

Wenn wir die Gehirnbildung und das Temperament eines (erwachsenen) Menschen kennen, so kennen wir damit zugleich von selbst theilweise die Verhältnisse, in welchen er herangewachsen ist, eben weil diese Verhältnisse auf Gehirnbildung und Temperament eingewirkt haben. Die Aussenverhältnisse wirken viel bedeutender auf das angeborene Temperament, als auf die angeborene Gehirnbildung ein. Das Temperament kann sich wesentlich (bis zum Gegentheil) ändern, die Gehirnbildung nicht. Aus einem bei der Geburt kräftigen Temperament kann durch schädliche Einflüsse ein träges werden. Dagegen

kann weder der in der Kleinheit der Gehirnorgane be-
gründete Schwachsinn durch guten Unterricht zum Genie,
noch das durch die Grösse der Organe gegebene Genie
durch mangelnden Unterricht zum Schwachsinn werden.
So bedeutend daher in dieser Beziehung die Einwirkung
der Aussenverhältnisse an und für sich sein kann, so ist
dieselbe doch verhältnissmässig oder in Vergleich zu dem,
was die Natur zuvor gegeben hat oder gegeben haben
muss, nur eine geringe.

Der Charakter des Menschen ist ungleich mehr in
seiner Gehirnbildung, als in seinem Temperament begründet.
Man wollte früher, ehe man die wahren Geisteskräfte und
ihre Gehirnorgane kannte, die ganze menschliche Charakterverschiedenheit, sogar die der Verstandeskräfte, auf die
Temperamentsverschiedenheit zurückführen. Natürlich ein
grosser Irrthum. Dass der Phlegmatiker langsam und
träge, der Sanguiniker lebhaft, der Choleriker zur Aufwal-
lung geneigt ist, sind richtige, aber sehr allgemeine Urtheile; es kann aber z. B. ein Sanguiniker talentlos und
ein Phlegmatiker talentvoll sein, oder von zwei Sanguini-
kern kann der eine ein einseitiges Talent für Musik, der
andere für Malerei besitzen, von zwei Cholerikern kann
der eine gutmüthig, der andere boshaft, der eine muthig,
der andere feig, der eine geizig, der andere verschwenderisch
sein.

Das Temperament eines Menschen ist leicht erkennbar.
Die Farbe der Haut und des Kopfhaare, das Leben des
Auges, die Beschaffenheit des Muskelsystems, kurz ein
einziger Blik auf die ganze äussere Erscheinung des
Menschen gibt uns darüber Aufschluss, ob im einzelnen
Fall das eine oder das andere Temperament, oder ob
zwei oder mehrere in einer Mischung vorliegen.

Schwieriger und minder vollständig ist unsere Kenntniss von dem Maasse der Gehirnorgane und Geisteskräfte.

Denn einestheils sind nur die meisten Gehirntheile als Geistesorgane bereits erkannt und nachgewiesen, noch keineswegs alle, besonders nicht die Theile an der Grundfläche des Gehirns, deren Beobachtung uns übrigens beim lebenden Menschen jedenfalls verschlossen bliebe. Ueber die Bedeutung einiger Gehirntheile ist man zwar zu Vermuthungen, aber noch nicht zur Gewissheit gelangt. Anderntheils vermögen wir wegen der ungleichen Dicke der Hirnschale und wegen des Mangels sichtbarer Grenzen zwischen den Organen nicht vollkommen genau die Grösse eines Organs zu erkennen. Diese Schwierigkeit kann bei den Organen, welche am untern Stirnrand liegen, in manchen Fällen sogar zur Unmöglichkeit anwachsen, irgend ein festes Urtheil über deren Entwicklung zu geben.

Allein selbst mit der (für uns erreichbaren) Kenntniss der Stärke der einzelnen Geisteskräfte ist gleichwohl nicht auch schon die Kenntniss des Charakters gegeben. Denn ein Charakterzug ist erst das Ergebniss des Zusammen- oder Gegeneinanderwirkens der einzelnen Geisteskräfte. Diese nämlich üben, entweder sich unterstützend, oder sich bekämpfend, den mannigfaltigsten Einfluss auf einander. So unterstützen sich z. B. Erwerbtrieb und Sorglichkeit, Sorglichkeit und Verheimlichungsinn, Kampfsinn und Festigkeit. Es bekämpfen sich z. B. Zerstörungssinn und Wohlwollen, Selbstgefühl und Verehrung, Sorglichkeit und Festigkeit. Wenn daher z. B. in einem Menschen der Erwerbtrieb gross ist, aber die Sorglichkeit klein, so wird der Charakterzug der Sparsamkeit nicht so entschieden hervortreten, als wenn der letztere Sinn auch gross wäre. Oder wenn das Selbstgefühl gross, aber die Verehrung auch gross ist, so wird der Charakterzug des Stolzes nicht so sprechend sein, als neben kleiner Verehrung. Da nun die Einwirkung der verschiedenen Geisteskräfte auf einander eine höchst mannichfaltige ist, so ist der Charakter des Menschen aus dem Maasse der einzelnen Geisteskräfte oft schwer zu berechnen.

Eine andere Schwierigkeit verursacht hier der schon oben genannte Einfluss, welchen die Aussenwelt auf den Menschen seit seiner Geburt geübt, obwohl dieser Einfluss theilweise und besonders dann, wenn er ein sehr bedeutender war, in der Grösse der Organe mit zu erkennen ist. Wenn eine Geisteskraft, z. B. ein Talent, seit frühester Kindheit geübt worden, so wird auch das betreffende Organ sich merkbar stärker entwickelt zeigen. Allein oft und vielfach wirken die Verhältnisse auf den Menschen ein, ohne dass diese Einwirkung sich in der Entwicklung der Organe ausspricht. So ist z. B. von allen den Kenntnissen als solchen, die ein Mensch gesammelt, und die nach ihrer Verschiedenheit einen so verschiedenen Einfluss auf den Charakter üben, in der Grösse der Organe durchaus keine Kunde gegeben.

Nach diesem Allen möchte man wohl den Schluss von der Kopfbildung eines Menschen auf seinen Charakter für einen ziemlich mangelhaften, die praktische Kunst der Phrenologie für eine wenig bedeutende halten. Allein gleichwohl darf der Phrenolog sagen, dass er den Charakter eines Menschen besser kennt, nachdem er seine Kopfgestalt erforscht, als wenn er vielleicht lange mit ihm zusammengelebt! Denn der Unterschied in dem Maasse der Geistesvermögen ist bei den einzelnen Menschen ausserordentlich gross. Trotz der Unregelmässigkeiten in der Schädeldicke kann nicht nur ein sehr grosses Organ von einem sehr kleinen, sondern auch ein mittelmässiges von einem sehr grossen oder sehr kleinen sicher unterschieden werden. Dann bietet auch die Kenntniss des Maasses schon der einzelnen Geistesvermögen, abgesehen von der Berechnung ihres Zusammen- oder Gegeneinanderwirkens, für die Menschenkenntniss und die Selbstkenntniss hohes